맥체인 성경읽기 해설

3

맥체인 성경읽기 해설 3 (7월 · 8월 · 9월)

초판 1쇄 발행 2020년 6월 25일
초판 3쇄 발행 2025년 2월 10일

지은이 | 임승민
펴낸이 | 강인구

펴낸곳 | 세움북스
등 록 | 제2014-000144호
주 소 | 서울시 종로구 대학로 19 한국기독교회관 1010호
전 화 | 02-3144-3500
팩 스 | 02-6008-5712
이메일 | holy-77@daum.net

교 정 | 김민철
디자인 | 참디자인

ISBN 979-11-87025-66-5 (03230)
979-11-87025-55-9 (세트)

3

의미와 뜻을 알고 읽는
성경읽기의 즐거움

임승민 지음

맥체인 성경읽기 해설

7월 · 8월 · 9월

세움북스

맥체인
성경읽기
Calendar

주의 말씀은 내 발에 등이요
내 길에 빛이니이다.
시편 119:105

7월 ………………………… July

☐	1	수 3 | 시 126~128 | 사 63 | 마 11
☐	2	수 4 | 시 129~131 | 사 64 | 마 12
☐	3	수 5:1~6:5 | 시 132~134 | 사 65 | 마 13
☐	4	수 6:6-27 | 시 135~136 | 사 66 | 마 14
☐	5	수 7 | 시 137~138 | 렘 1 | 마 15
☐	6	수 8 | 시 139 | 렘 2 | 마 16
☐	7	수 9 | 시 140~141 | 렘 3 | 마 17
☐	8	수 10 | 시 142~143 | 렘 4 | 마 18
☐	9	수 11 | 시 144 | 렘 5 | 마 19
☐	10	수 12~13 | 시 145 | 렘 6 | 마 20
☐	11	수 14~15 | 시 146~147 | 렘 7 | 마 21
☐	12	수 16~17 | 시 148 | 렘 8 | 마 22
☐	13	수 18~19 | 시 149~150 | 렘 9 | 마 23
☐	14	수 20~21 | 행 1 | 렘 10 | 마 24
☐	15	수 22 | 행 2 | 렘 11 | 마 25
☐	16	수 23 | 행 3 | 렘 12 | 마 26
☐	17	수 24 | 행 4 | 렘 13 | 마 27
☐	18	삿 1 | 행 5 | 렘 14 | 마 28
☐	19	삿 2 | 행 6 | 렘 15 | 막 1
☐	20	삿 3 | 행 7 | 렘 16 | 막 2
☐	21	삿 4 | 행 8 | 렘 17 | 막 3
☐	22	삿 5 | 행 9 | 렘 18 | 막 4
☐	23	삿 6 | 행 10 | 렘 19 | 막 5
☐	24	삿 7 | 행 11 | 렘 20 | 막 6
☐	25	삿 8 | 행 12 | 렘 21 | 막 7
☐	26	삿 9 | 행 13 | 렘 22 | 막 8
☐	27	삿 10:1~11:11 | 행 14 | 렘 23 | 막 9
☐	28	삿 11:12-40 | 행 15 | 렘 24 | 막 10
☐	29	삿 12 | 행 16 | 렘 25 | 막 11
☐	30	삿 13 | 행 17 | 렘 26 | 막 12
☐	31	삿 14 | 행 18 | 렘 27 | 막 13

8월	August
1	삿 15 | 행 19 | 렘 28 | 막 14
2	삿 16 | 행 20 | 렘 29 | 막 15
3	삿 17 | 행 21 | 렘 30~31 | 막 16
4	삿 18 | 행 22 | 렘 32 | 시 1~2
5	삿 19 | 행 23 | 렘 33 | 시 3~4
6	삿 20 | 행 24 | 렘 34 | 시 5~6
7	삿 21 | 행 25 | 렘 35 | 시 7~8
8	룻 1 | 행 26 | 렘 36~37 | 시 9
9	룻 2 | 행 27 | 렘 38 | 시 10
10	룻 3~4 | 행 28 | 렘 39 | 시 11~12
11	삼상 1 | 롬 1 | 렘 40 | 시 13~14
12	삼상 2 | 롬 2 | 렘 41 | 시 15~16
13	삼상 3 | 롬 3 | 렘 42 | 시 17
14	삼상 4 | 롬 4 | 렘 43 | 시 18
15	삼상 5~6 | 롬 5 | 렘 44 | 시 19
16	삼상 7~8 | 롬 6 | 렘 45 | 시 20~21
17	삼상 9 | 롬 7 | 렘 46 | 시 22
18	삼상 10 | 롬 8 | 렘 47 | 시 23~24
19	삼상 11 | 롬 9 | 렘 48 | 시 25
20	삼상 12 | 롬 10 | 렘 49 | 시 26~27
21	삼상 13 | 롬 11 | 렘 50 | 시 28~29
22	삼상 14 | 롬 12 | 렘 51 | 시 30
23	삼상 15 | 롬 13 | 렘 52 | 시 31
24	삼상 16 | 롬 14 | 애 1 | 시 32
25	삼상 17 | 롬 15 | 애 2 | 시 33
26	삼상 18 | 롬 16 | 애 3 | 시 34
27	삼상 19 | 고전 1 | 애 4 | 시 35
28	삼상 20 | 고전 2 | 애 5 | 시 36
29	삼상 21~22 | 고전 3 | 겔 1 | 시 37
30	삼상 23 | 고전 4 | 겔 2 | 시 38
31	삼상 24 | 고전 5 | 겔 3 | 시 39

9월	September
1	삼상 25 | 고전 6 | 겔 4 | 시 40~41
2	삼상 26 | 고전 7 | 겔 5 | 시 42~43
3	삼상 27 | 고전 8 | 겔 6 | 시 44
4	삼상 28 | 고전 9 | 겔 7 | 시 45~46
5	삼상 29~30 | 고전 10 | 겔 8 | 시 47
6	삼상 31 | 고전 11 | 겔 9 | 시 48
7	삼하 1 | 고전 12 | 겔 10 | 시 49
8	삼하 2 | 고전 13 | 겔 11 | 시 50
9	삼하 3 | 고전 14 | 겔 12 | 시 51
10	삼하 4~5 | 고전 15 | 겔 13 | 시 52~54
11	삼하 6 | 고전 16 | 겔 14 | 시 55
12	삼하 7 | 고후 1 | 겔 15 | 시 56~57
13	삼하 8~9 | 고후 2 | 겔 16 | 시 58~59
14	삼하 10 | 고후 3 | 겔 17 | 시 60~61
15	삼하 11 | 고후 4 | 겔 18 | 시 62~63
16	삼하 12 | 고후 5 | 겔 19 | 시 64~65
17	삼하 13 | 고후 6 | 겔 20 | 시 66~67
18	삼하 14 | 고후 7 | 겔 21 | 시 68
19	삼하 15 | 고후 8 | 겔 22 | 시 69
20	삼하 16 | 고후 9 | 겔 23 | 시 70~71
21	삼하 17 | 고후 10 | 겔 24 | 시 72
22	삼하 18 | 고후 11 | 겔 25 | 시 73
23	삼하 19 | 고후 12 | 겔 26 | 시 74
24	삼하 20 | 고후 13 | 겔 27 | 시 75~76
25	삼하 21 | 갈 1 | 겔 28 | 시 77
26	삼하 22 | 갈 2 | 겔 29 | 시 78:1-37
27	삼하 23 | 갈 3 | 겔 30 | 시 78:38-72
28	삼하 24 | 갈 4 | 겔 31 | 시 79
29	왕상 1 | 갈 5 | 겔 32 | 시 80
30	왕상 2 | 갈 6 | 겔 33 | 시 81~82

《일러두기》

교훈을 좀 더 효과적으로 연결하기 위해서 때때로 순서를 바꾸어 해설했습니다.
의미를 엮기 위한 구조로 읽기 순서와는 상관이 없습니다.
독자께서는 맥체인 성경 읽기의 순서대로 읽어 나가시면 됩니다.

머리말

좋은 목자는 어떻게 하면 양들에게 좋은 풀을 먹일 수 있을지를 고민합니다. 마찬가지로 참된 목사는 어떻게 하면 성도들이 성경을 힘써 읽게 할 수 있을지를 늘 고민합니다. 새해가 시작될 때마다 성도들은 성경읽기를 결단합니다. 그러나 3개월을 채 넘기지 못하는 경우가 많습니다. 여러 이유를 대지만 대개는 핑계입니다. 하지만 귀담아 들을 만한 이유도 있습니다. 주야장천 읽기는 하지만 그 뜻을 이해하지 못하여 유익함을 전혀 누리지 못하기에 읽다가 멈추게 된다는 것입니다. 유익함을 누리지 못하고 의무감으로 억지로 읽다 보면 어느덧 성경읽기가 무거운 짐이 되어 버린다는 것인데, 충분히 공감할 만합니다. 은혜의 방편이 되어야 할 성경읽기가 율법의 멍에가 되어 버렸기 때문입니다.

약 200년 전 로버트 맥체인 목사님은 자신이 목양하는 성도들을 위해 성경읽기표를 만들었습니다. 소위 말하는 '맥체인 성경읽기표'입니다. 이 표는 구약과 신약을 엮어서 1년 동안 성경 전체를 읽을 수 있도록 구성되어 있습니다. 맥체인 성경읽기표를 따라 읽으면 성경이 하나의 주제로 연결된 한 권의 책임을 깨닫게 됩니다. 존 스토트와 같은 믿음의 선배들은 맥체인 성경읽기표를 활용하여서 평생 동안 성경읽기와 연구를 하였다고 합니다. 그만큼 신뢰할 만한 성경읽기표입니다. 그러나 좋은 성경읽기표를 활용한다고 하여도 앞서 말한 바와 같이 그 유익을 누리지 못하면 아무런 소용이 없습니다. 또 다른 율법의 멍에가 될 뿐입니다.

『맥체인 성경읽기 해설』은 바로 그런 고민에서 시작되었습니다. 성도들이 생명의 양식을 골고루, 그리고 꾸준히 먹을 수 있도록 돕는 도구를 만들고

자 한 것입니다. 구약과 신약의 통일성을 유지하되 억지로 연결시키려고 하지는 않았습니다. 할 수 있는 한 그리스도 중심적 해석을 시도하였지만, 마찬가지로 억지로 만들어 내려고 하지는 않았습니다. 모든 성경이 그리스도를 가리키나 모든 본문이 그리스도를 담고 있는 것은 아니기 때문입니다. 또한 해당 본문이 드러내고 있는 중심 사상을 간략히 해설하여서 성경을 유익하게 읽을 수 있도록 돕고자 노력하였습니다. 자신이 읽고 있는 본문의 의미를 몰라서 아무런 유익도 누리지 못한 채 그저 의무적으로만 읽는 성도들이 없기를 바라는 마음입니다. 전문적인 해석이 아니라 중심 사상의 간략한 해설이 목표라서 지나치게 요약되거나 건너뛰어서 그 의미가 선명하지 않은 부분도 있습니다. 이 해설서의 목표를 헤아리셔서 부디 너그럽게 이해해 주시길 부탁드립니다.

『맥체인 성경읽기 해설』을 활용하는 방법은 다음과 같습니다.

1. 진리의 교사이신 성령께서 성경읽기에 함께해 주시길 기도합니다.
2. 『맥체인 성경읽기 해설』을 먼저 읽습니다.
3. 해당 본문을 읽으면서 그 전체적인 의미를 파악합니다.
4. 맥체인 성경읽기를 하는 성도들과 함께 해당 본문에 대해 나눕니다.

그 외 각자가 다양한 방법으로 활용할 수 있습니다.
성경읽기에 큰 복이 있기를 기도합니다.

저자 임승민

July
/
7월

7월 July 01

여호수아3장 • 시편126-128편 • 이사야63장 • 마태복음11장

여호수아 3장은 이스라엘이 요단강을 건너는 장면입니다. 역사적인 순간입니다. 광야 생활을 청산하고 약속의 땅에 들어서는 순간이기 때문입니다. 언약궤를 멘 제사장들이 앞장섭니다. 하나님께서 선두에서 이스라엘 백성들을 인도하심을 상징합니다. 언약궤를 멘 제사장들의 발바닥이 요단 물을 밟고 멈추면 흘러내리던 물이 끊어졌습니다. 홍해 사건을 연상시키는 이 기적은 그때나 지금이나 동일하게 이스라엘을 돌보시는 하나님의 사랑을 보여 줍니다. 이스라엘 백성들은 홀로 가나안을 향해 나아가지 않고, 동행하시는 하나님과 함께 나아가고 있습니다. 여호수아는 이스라엘 백성들에게 '온 땅의 주의 언약궤가 너희 앞에서 가는 것을 보라'(11절)고 외칩니다. 우리도 여호수아의 외침에 귀를 기울여야 합니다. 온 땅의 주인이신 하나님께서 우리 앞에 가십니다. 그분께서 가시는 곳마다 성난 파도는 멈추고 마른 땅이 드러납니다. 평탄한 길이 생깁니다. 우리 앞에 가시는 하나님을 따라갑시다. 시온의 대로가 열릴 것입니다.

시편 126편과 **시편 127편**과 **시편 128편**은 주께서 계신 집을 향해 올라가며 부르는 노래입니다. 여호와를 경외하며 그분의 길을 걷는 자마다 복이 있습니다. 앞서 가는 주의 언약궤를 따라 걸은 이스라엘 백성들에게 복이 있었던 것처럼 말입니다. 성경의 한결같은 약속에 귀를 기울입시다. 주를 경외하는 자는 복을 얻습니다. 반면 주를 의지하지 않는 자는 헛된 수고의 열매를 먹게 됩니다. 온 힘을 다해 집을 지어도 쉽게 무너져 버립니다. 눈을 번쩍 뜨고 경비를 서도 적의 침입을 막지 못합니다. 사람의 열심은 하나님의 도우심 없이 홀로 결과를 낼 수 없습니다. 그러므로 하나님을 의지하며 눈물로 씨를 뿌립시다. 반드시 기쁨으로 곡식 단을 가지고 돌아오게 될 것입니다. 하나님은 우리를 위하여 큰일을 행하십니다.

이사야 63장은 하나님의 도우심을 호소하는 기도입니다. 하나님은 원수를 포도즙 틀과 같이 밟으십니다. 하나님은 홀로 공의를 행하시고 구원을 베푸십니다(2절). 이사야는 그 하나님께서 과거에 이스라엘을 향해 베푸셨던 은혜를 기억합니다. 그분은 이스라엘의 환난에 동참하셔서 사랑과 자비로 그들을 안아 구원하셨습니다(9절). 그분은 홍해를 가르시고 이스라엘을 안전하게 인도하셨습니다(13절). 그분은 당신 이름의 영광을 위해 친히 당신의 백성을 이끄셨습니다(14절). 그러나 지금은 그 자비와 사랑이 그쳤습니다. 이스라엘이 반복적으로 저지른 반역 때문입니다. 그럼에도 불구하고 이사야는 여전히 하나님만이 유일한 소망이시요 구원이심을 압니다. 그래서 다시 한 번 하나님의 도우심을 호소합니다.

마태복음 11장은 심판당할 수밖에 없는 이스라엘의 상태와 여전히 당신의 백성을 부드럽게 부르시는 예수님의 사랑을 대조합니다. 예수님은 세례 요한이 보낸 제자들의 질문에 답변을 하시면서 비유를 들어 이 세대를 질책하십니다. 슬피 울어도 가슴을 치지 않는다는 말씀은 먹지도 않고 마시지도 않은 세례 요한이 전한 말씀에 전혀 반응하지 않았던 이스라엘의 상태를 뜻합니다. 회개를 외친 세례 요한에게 오히려 귀신이 들렸다고 비난을 퍼부었습니다. 피리를 불어도 춤을 추지 않는다는 말씀은 먹고 마시는 예수님의 말씀에 전혀 반응하지 않았던 이스라엘의 상태를 의미합니다. 그들은 믿음을 요구하신 예수님에게 먹기를 탐하고 포도주를 즐기는 사람이라고 욕을 했습니다. 예수님은 수많은 기적에도 꿈쩍하지 않은 마을들을 책망하시고 그들에게는 심판이 예비되어 있다고 말씀하십니다. 반면에 어린아이와 같이 부드러운 마음을 가진 사람들에게는 안식이 예비되어 있다고 말씀하십니다. "수고하고 무거운 짐 진 자들아 다 내게로 오라 내가 너희를 쉬게 하리라"(28절). 고집을 부리며 주를 멀리하는 사람은 망합니다. 부드러운 마음으로 주를 가까이하는 자는 복을 얻습니다. 온유한 목소리로 초청하시는 예수님께 즐거이 나아가십시오. 쉼이 있습니다.

7월 July 02

여호수아4장 • 시편129-131편 • 이사야64장 • 마태복음12장

여호수아 4장은 요단강 사건의 의미를 해석하고 기억하는 것에 초점을 둡니다. 먼저, 요단강 한복판에 열두 개의 돌을 쌓아서 표징을 삼습니다. 열두 개의 돌은 이스라엘의 열두 지파를 의미합니다. 하나님은 길갈에도 동일하게 열두 개의 돌을 세우라고 하십니다. 이 돌들은 기억과 교훈을 위한 것입니다. 하나님은 이스라엘이 요단강 사건을 자자손손 기억하기를 원하셨습니다. 자녀들이 이 돌들을 보고 하나님께서 이스라엘을 가나안으로 친히 인도하셨음을 배우기를 원하신 것입니다(21절). 또한 땅의 모든 백성이 하나님의 큰 능력을 알고 이스라엘 백성들은 하나님을 경외하도록 이 돌들을 쌓게 하셨습니다(24절). 하나님께서 우리 삶에 행하신 일들을 기억하는 것은 중요합니다. 그것이 우리의 믿음을 형성해 가기 때문입니다. 그러기 위해서는 반복적으로 가르치는 것이 필요합니다. 무엇보다 이 모든 학습이 단순한 지식으로 머물지 않고 하나님을 참으로 경외하는 지식으로 연결되어야 합니다. 하나님은 우리 인생에 항상 큰일을 행하십니다.

시편 129편과 **시편 130편**과 **시편 131편**은 여호와를 바라는 사람들의 노래입니다. 시편 129편은 하나님께서 악인들에게 그에 합당한 벌을 내리시기를 간구합니다. 시편 130편은 죄를 용서해 주시기를 간절히 기도합니다. 시편 131편은 교만을 꺾고 하나님께 고요히 안겨 있기를 갈망합니다. 하나님께서 행하시는 일들을 아는 사람은 하나님을 노래합니다. 하나님께 크고 강한 힘이 있음을 체험한 사람은 하나님께 간구합니다. 하나님만이 힘이시요 안식이시요 위로가 되신다는 사실을 알기 때문입니다.

이사야 64장은 하늘을 가르고 주께서 내려오시기를 호소합니다. 고통에 시달리는 이스라엘 백성들은 하나님께서 속히 강림하시기를 간절히 원합니다. 주께서 악한 자를 벌하시고 공의를 행하시기를 기도합니다. 이 기도는 자신의 의를 내걸고 하는 기도가 아닙니다. 부정한 자임을 이미 알고 있습니다. 그럼에도 불구하고 하나님께 나아가 구원을 호소할 수 있는 근거가 있습니다. 하나님은 아버지이시기 때문입니다. 하나님은 토기장이시요 우리는 진흙이기 때문입니다. 비록 우리에게 의가 없지만 하나님께는 긍휼이 있으니 그분께 나아가 구원을 호소할 수 있는 것입니다. 자기에게 철저히 좌절하였어도 끝까지 주를 붙드십시오. 주는 아버지이십니다.

마태복음 12장에는 바리새인과 논쟁하시는 예수님이 등장하십니다. 먼저 안식일 규정을 놓고 싸웁니다. 바리새인은 신학적 편견에 갇혀서 모든 것을 규범적으로 해석합니다. 그러나 예수님은 안식일 규정 자체가 사람을 위한 것이라고 가르치십니다. 하나님은 긍휼의 아버지시요, 예수님은 긍휼의 주가 되십니다. 하나님의 긍휼을 발견하지 못한 자는 아무리 많은 신학을 알고 있어도 사실은 소경일 뿐입니다. 다음은 바알세붑 논쟁입니다. 예수님께서 일으키신 기적을 놓고 바리새인들은 그분께서 귀신의 왕 바알세붑의 힘을 빌려 이 일을 하고 있다고 비난합니다. 예수님은 이 어리석고 악한 말을 정죄하십니다. 말은 결국 마음에서 나오는 것이니 어리석고 악한 말을 내뱉은 바리새인의 마음은 어리석고 악합니다. 언행을 살펴보십시오. 우리의 언행은 어떻습니까? 지혜롭고 참됩니까? 아니면 어리석고 악합니까?

7월 July 03

여호수아5:1-6:5 • 시편132-134편 • 이사야65장 • 마태복음13장

여호수아 5장 1절에서 **6장 5절**은 여리고성을 정복하기 전 장면입니다. 하나님께서 이스라엘을 위하여 행하신 큰 일, 곧 요단강을 말리신 사건을 가나안 사람들이 듣습니다. 그리고 두려워합니다. 이때 하나님께서 이스라엘에게 특별한 일을 시키십니다. 할례를 명하신 것입니다. 광야에서 태어난 사람들은 아직 할례를 받지 못했기 때문입니다(5절). 할례를 행한 후 한 가지 더 특별한 의식을 치릅니다. 유월절을 지킨 것인데, 이것이 특별한 이유는 유월절 음식으로 가나안에서 나온 소산물을 먹었기 때문입니다. 그 땅의 소산물을 먹은 다음 날부터 만나가 그쳤습니다. 할례와 유월절은 하나님과 이스라엘의 관계를 보여 주는 특별한 의식입니다. 소위 말하는 언약 관계를 표현합니다. 하나님은 이스라엘이 가나안에 들어가기 전에 그들이 당신의 백성임을 분명히 선언하신 것입니다. 뿐만 아니라 여호와의 군대 장관까지 보내셔서 그것을 더욱 확고하게 하셨습니다. 이제 이스라엘이 할 일은 하나입니다. 하나님을 믿고 그분의 뜻에 순종하는 것입니다. 하나님께서 하나님 되심을 보여 주실 때 우리가 할 일은 하나님을 믿고 그분의 뜻대로 사는 것입니다.

시편 132편과 **시편 133편**과 **시편 134편**은 하나님께서 하나님 되실 때 우리가 무엇을 해야 하는지를 가르칩니다. 하나님 앞에 예배해야 합니다. 그분 앞에서 즐거이 외쳐야 합니다. 하나님을 향해 손을 들고 찬양해야 합니다. 하나님 안에서 형제 된 자들끼리 연합해야 합니다. 하나님은 항상 하나님이 되어 주십니다. 그러므로 하나님께서 하나님 되실 때 우리는 그에 합당한 반응을 내놓읍시다. 즐거운 예배와 형제 사랑을 통해 하나님께 영광을 돌립시다.

이사야 65장은 최후 심판과 새 하늘과 새 땅을 예언합니다. 하나님께서 부지런히 부르셔도 이스라엘 백성들은 대답하지 않았습니다. 온갖 부정한 행동을 서슴지 않고 행했습니다. 하나님은 그들에게 반드시 보응하시겠다고 선언하십니다. 그럼에도 불구하고 자비로우신 하나님은 모두 멸하시지 않고 구원을 행하실 것입니다. 그들에게 복을 주실 것입니다. 그리고 새 하늘과 새 땅을 창조하실 것입니다. 그곳을 풍요와 복과 평화로 다스리셔서 모든 생명들이 기쁨을 누리게 하실 것입니다.

마태복음 13장은 천국 비유입니다. 이사야 65장에 예언된 새 하늘과 새 땅에는 어떻게 들어갈 수 있을까요? 예수님은 천국 비유를 통해 그것을 가르치십니다. 말씀을 마음으로 받는 것이 가장 중요합니다. 씨 뿌리는 비유는 말씀에 대한 반응이 그것을 가른다고 말합니다. 가라지 비유, 겨자씨 비유, 감추인 보화와 좋은 진주의 비유 등도 천국에 합당한 사람의 특징을 설명합니다. 천국에 들어가고자 하는 사람은 천국을 가장 사모합니다. 그래서 천국 복음에 반응합니다. 듣습니다. 행합니다. 헌신합니다. 이 모든 것을 마음을 다해 합니다. 반면에 천국 복음을 듣고도 전혀 반응하지 않는 사람들도 있습니다. 예수님의 고향 사람들이 그랬습니다. 그들은 예수님이 선지자일 수 없다며 배척해 버립니다. 천국을 걷어찬 버린 것입니다. 반응해야 합니다. 마음을 다해 반응해야 합니다. 반응하지 않는 신앙은 죽은 신앙입니다.

7월 July 04

여호수아6:6-27 • 시편135-136편 • 이사야66장 • 마태복음14장

여호수아 6장 6–27절은 여리고를 정복하는 이야기입니다. 여호수아는 하나님께서 명하신 대로 모든 것을 행합니다. 언약궤가 앞장섭니다. 백성들이 그 뒤를 따릅니다. 6일 동안 매일 그렇게 합니다. 그리고 마지막 7일째에는 일곱 번을 돕니다. 성을 도는 일을 마친 후에 제사장들이 나팔을 불고 그동안 침묵하고 있었던 백성들이 큰 소리를 외칩니다. 놀랍게도 여리고성이 무너져 내립니다. 이 사건은 가나안 전쟁이 근본적으로 하나님께 속해 있음을 상징적으로 보여 줍니다. 가나안에서 큰 성에 속해 있었던 여리고를 정복하기 위해 이스라엘이 실질적으로 한 것은 성을 빙빙 돈 것뿐입니다. 하나님의 명령이었기 때문입니다. 그저 순종했을 뿐인데 그 높고 두터운 여리고성이 파괴되었습니다. 순종의 힘입니다. 하나님의 전쟁이 시작될 때 하나님을 무서워하지 않던 나라는 멸망을 당합니다. 그러나 멸망 가운데서도 주를 경외하는 자는 살아남습니다. 라합의 가족처럼 말입니다.

시편 135편과 **시편 136편**은 하나님께서 행하신 일들을 기억하며 부르는 노래입니다. 시편 135편은 애굽에서 하나님께서 행하신 일과 가나안에서 하나님께서 행하신 일을 언급합니다. 하나님은 참으로 모든 신보다 뛰어나십니다. 당신의 백성을 기꺼이 위로하십니다. 여러 나라가 섬기는 우상은 생명이 없는 은금에 불과하지만 하나님은 살아 계십니다. 그러므로 하나님을 찬양하고 찬양합시다. 시편 136편은 하나님의 창조와 구원을 노래합니다. 하나님은 주들 중에 가장 뛰어난 주이십니다. 그분은 하늘과 땅과 해와 달과 별을 만드셨습니다. 그분은 또한 애굽에서 건지시고 광야에서

돌보시며 가나안에서 승리케 하셨습니다. 이와 같은 분에게 감사를 드리지 않으면 누구에게 감사할 수 있겠습니까? 오직 하나님만 우리의 찬양과 감사를 받기에 합당하십니다.

이사야 66장은 새 하늘과 새 땅이 임하는 마지막 날에 대한 예언입니다. 그날에 하나님께서 마음이 가난하고 심령에 통회하며 말씀을 듣고 떠는 자들을 돌보실 것입니다(2절). 반면 위선과 불순종으로 일관하는 자들은 심판을 받을 것입니다(3-4절). 본문은 이 두 가지 결말, 곧 위로와 심판을 더욱 자세히 설명합니다. 먼저, 시온과 예루살렘이 얻게 되는 기쁨을 말합니다. 하나님은 어미가 자식을 위로함같이 위로하시겠다고 말씀하십니다(13절). 동시에 하나님은 불에 둘러싸여 강림하실 것인데, 그때 많은 자들을 심판하실 것입니다(15절). 이 예언이 주는 교훈은 분명합니다. 정신을 차리고 깨어 있으라는 것입니다. 자신을 돌아보고 회개하여 그리스도를 믿어야 합니다. 마지막 날에는 그리스도를 믿는 자들과 그렇지 않은 자들이 분명하게 갈립니다. 주를 경외하는 자는 심판 중에도 구원을 얻습니다.

마태복음 14장에는 세례 요한의 죽음과 오병이어 사건이 등장합니다. 분봉왕 헤롯에게 세례 요한이 죽습니다. 이 땅에서는 하나님 나라에 속한 자들이 세상으로부터 종종 박해를 받습니다. 그러나 우리가 두려워하지 않을 것은 결국 하나님 나라가 승리하기 때문입니다. 예수님과 함께 임한 하나님 나라는 풍요롭고 안전합니다. 오병이어 사건이 그것을 보여 줍니다. 예수님은 이 사건을 통해 당신이 생명의 양식이심을 드러내십니다. 또한 물 위를 걷고 파도를 잠잠케 하심으로 만물의 주관자가 되심도 드러내십니다. 그러므로 우리에게 요구되는 것은 믿음입니다. 세상의 위협이 있더라도 끝까지 믿어야 합니다. 인생의 풍랑 앞에서도 끝까지 믿어야 합니다. 믿는 자에게는 하나님 나라의 복과 평화가 미리 찾아옵니다.

7월 July 05

여호수아7장 • 시편137-138편 • 예레미야1장 • 마태복음15장

여호수아 7장은 아간이 범한 죄 때문에 일어난 사건입니다. 아간이 하나님께 바친 물건을 훔칩니다. 성경은 '이스라엘 자손들이 범죄하였다'(1절)고 기록합니다. 거룩한 전쟁에서 한 사람의 범죄는 공동체 전체의 범죄가 되기 때문입니다. 본문은 죄가 가지고 있는 파괴성과 전염성을 보여 줍니다. 여리고 전쟁에서 얻은 승리에 한껏 취해 있었던 이스라엘은 아이성 전투에서 크게 패하고 맙니다. 여호수아가 충격을 받습니다. 그가 가장 걱정하는 것은 가나안이 이스라엘을 우습게 여기는 것이었습니다(9절). 하나님은 누군가의 범죄 때문에 일어난 일이라고 말씀하십니다. 결국 유다 지파 세라 족속 삽디의 손자요 갈미의 아들 아간이 뽑힙니다. 그는 징계를 당하고 하나님은 맹렬한 진노를 그치십니다. 아간 사건은 우리에게 경각심을 줍니다. 하나님께서 죄를 얼마나 미워하시는지를 알려 줍니다. 한 사람의 범죄가 공동체 전체를 망하게 할 수도 있습니다. 반면에 한 사람의 의가 공동체 전체를 살리기도 합니다. 그 한 사람은 예수 그리스도이십니다. 그리스도께서 우리의 머리가 되시니 참으로 안심하게 됩니다.

시편 137편과 **시편 138편**은 하나님의 주권을 높이는 찬양입니다. 시편 137편은 예루살렘의 멸망 앞에서 좌절한 이들이 끝까지 하나님의 주권을 붙드는 노래입니다. 하나님은 죄를 미워하십니다. 아간의 죄 탓에 이스라엘이 큰 패배를 당한 것처럼 오랜 기간 지속된 이스라엘의 죄는 바벨론으로 말미암은 패망을 불러왔습니다. 그러나 시인은 끝까지 소망을 놓지 않습니다. 하나님께서 기억해 주시기를 요청합니다. 시편 138편은 환난 중에 돌보시는 하나님의 인자하심과 성실하심을 높이는 노래입니다. 하나님은 모든 것을 아십니다. 높이 계셔도 낮은 자를 아시고 멀리서도 교만한 자를 아십니다. 그 하나님은 내가 환난 중에 다님을 아시고 원수들의 공격을 당함도 아십니다. 그러므로 하나님께서 나를 구원하실 것입니다. "내가 간구하는 날에 주께서 응답하시고 내 영혼에 힘을 주어 나를 강하게 하셨나이다"(138:3).

예레미야 1장은 하나님께서 예레미야를 선지자로 부르시는 장면입니다. 유다 왕 요시야 시대에 예레미야가 부르심을 받습니다. 하나님은 예레미야를 모태에 짓기 전에 아셨고 배에서 나오기 전에 성별하여 선지자로 세웠다고 말씀하십니다. 예레미야는 자신이 어려서 말을 잘하지 못하기에 감당할 수 없다고 답하지만 하나님은 누구도 두려워하지 말고 당신의 명령을 전하라고 말씀하십니다. 북에서부터 기울어진 끓는 가마를 본 예레미야에게 하나님은 그것이 북방 민족의 침입을 의미한다고 가르치십니다. 유다가 이 재앙을 겪을 수밖에 없는 이유는 그들이 하나님을 버리고 다른 신들을 섬겼기 때문입니다. 하나님은 '이 죄악을 징계'하시겠다고 선언하십니다. 말씀을 맡은 자에게 요구되는 것은 말씀을 있는 그대로 전하는 것입니다. 때때로 그것은 나쁜 소식일 수도 있습니다. 사람들의 원망을 얻고 인기를 잃어버릴 수도 있습니다. 그럼에도 불구하고 말씀을 선명하게 전하는 것은 말씀 맡은 자들의 의무입니다.

마태복음 15장은 말씀을 그대로 받는 것이 얼마나 중요한지를 가르칩니다. 바리새인과 서기관들이 음식을 먹을 때 손을 씻지 않는 제자들을 비판합니다. 이것은 일종의 관습법이었습니다. 예수님은 그들이 자기들이 만든 규범을 지키기 위해 하나님께서 주신 율법을 저버리고 있다고 강하게 질책하셨습니다. 예컨대, 고르반 제도를 통해 부모 공경의 율법을 무시한 것입니다. 이것은 위선입니다. 바리새인과 서기관은 많은 것을 알고 있었지만 참된 믿음은 없었습니다. 반면에 가나안 여자는 많은 것을 몰랐지만 믿음이 있었습니다. 예수님께 생명과 소망이 있음을 믿었고 그 믿음으로 매달렸습니다. 예수님을 자기 인생의 머리로 받아들인 사람은 예수님께서 주시는 생명의 떡과 물을 마음껏 취할 수 있습니다.

7월 July 06

여호수아8장 • 시편139편 • 예레미야2장 • 마태복음16장

여호수아 8장은 아이성을 점령하는 이야기입니다. 이스라엘은 아간을 제거한 후에 다시 아이성 전투에 임합니다. 처음보다 훨씬 신중한 태도로 임합니다. 하나님께서 가르쳐 주신 대로 매복 작전을 사용하는데 이것이 먹힙니다. 여리고성과 마찬가지로 아이성도 진멸을 당합니다. 아이성 전투를 마친 후에 여호수아는 에발산에 제단을 쌓습니다. 율법을 돌에 새기고 이스라엘 백성의 절반은 그리심산에, 절반은 에발산에 세웁니다. 마지막으로 온 회중 앞에서 율법을 낭독합니다. 말씀을 중심으로 복과 저주를 나누는 언약 갱신 의식을 치른 것입니다. 이 의식은 방금 아이성 전투에서 패배와 승리를 맛본 이스라엘 백성들에게 매우 적절했습니다. 하나님 편에 서 있으면 승리를 맛봅니다. 하나님께서 약속하셨기 때문입니다. 하나님께 반역하면 패배할 수밖에 없습니다. 이것도 하나님께서 약속하셨습니다. 우리는 그리스도 안에서 영원히 하나님 편에 서게 되었으니 늘 승리를 맛보게 될 것입니다.

시편 139편은 하나님께서 알고 계심을 노래합니다. 특히 하나님은 나를 아십니다. 내가 앉고 서는 것, 나의 생각, 나의 모든 길과 내가 눕는 것 등 나의 모든 행위를 아십니다. 새벽 날개를 치며 바다 끝에 가서 거주할지라도 하나님은 나를 아십니다. 하나님은 나를 만드셔서 나의 영혼까지 아십니다. 또한 나를 살피셔서 나의 마음과 뜻도 아십니다. 그러므로 하나님만 나를 인도하실 수 있습니다. 하나님만 나를 돌보실 수 있습니다. 하나님만 내게 승리를 주실 수 있습니다.

예레미야 2장은 이스라엘이 저지른 죄악에 관한 내용입니다. 하나님께서 가장 의아하게 여기신 것은 '왜 그들이 당신을 멀리하고 헛된 것을 따르고 있는지'였습니다. 그들을 애굽에서 구해 내시고 광야에서 돌보셨으며 가나안에서 풍요롭게 하셨는데 그들은 바알을 따라갔습니다. 하나님은 이것을 '생수의 근원을 버리고 스스로 웅덩이 판 것'이라고 비유하십니다. 맑은 생수를 마음껏 마실 수 있는 기회를 걷어차고 물을 가두지도 못하는 웅덩이를 파서 스스로 메마른 상태를 초래한 것입니다. 그것보다 더 큰 문제는 하나님께서 죄악을 잊지 않으신다는 점입니다. 하나님은 그들을 징계하시기로 결정하셨습니다. 참 간단한 진리입니다. 하나님께 온갖 좋은 것들이 다 있습니다. 그러므로 하나님을 아버지 삼고 그분께 간청하며 그 분을 즐거워하는 자가 복이 있습니다. 반면에 하나님을 버리고 떠나는 자는 스스로 광야를 향해 나아가는 것과 다를 바가 없습니다. 하나님께서 얼마나 좋으신 분인지 말씀을 통해 날마다 확인하시기 바랍니다.

마태복음 16장에는 베드로의 고백과 예수님의 제자 교육이 나옵니다. '바리새인과 사두개인의 누룩을 주의하라'는 예수님의 말씀을 제자들이 깨닫지 못합니다. 제자들은 여전히 답보 상태입니다. 그러나 예수님은 제자들을 포기하지 않으십니다. 빌립보 가이사랴 지방에서 베드로가 위대한 신앙 고백을 합니다. "주는 그리스도시요 살아 계신 하나님의 아들이시니이다"(16절). 교회는 이 고백 위에 서 있습니다. 그러나 고백과 삶이 연결되기에는 아직 시간이 더 필요해 보입니다. 위대한 신앙 고백을 한 베드로가 십자가를 예고하신 예수님을 뜯어 말립니다. 예수님은 제자들에게 그들이 가야 하는 길이 어떠한지를 명확히 말씀하십니다. "누구든지 나를 따라오려거든 자기를 부인하고 자기 십자가를 지고 나를 따를 것이니라"(24절). 그리스도를 따르고자 한다면 자기를 부인하고 자기 십자가를 지는 일이 꼭 필요합니다.

7월 July **07**

여호수아9장 • 시편140-141편 • 예레미야3장 • 마태복음17장

여호수아 9장은 여호수아가 기브온 주민들에게 속는 장면입니다. 이스라엘에 대한 소식이 가나안 전역에 퍼졌습니다. 두 가지 반응이 일어났습니다. 첫째는 연합군을 형성하여 대적하는 것입니다. 둘째는 이스라엘과 화친을 맺는 것입니다. 기브온은 후자를 택합니다. 그들은 마치 가나안 주민이 아닌 것처럼 꾸며서 조약을 맺고자 합니다. 여호수아와 이스라엘은 하나님께 묻지 않고 화친 조약을 맺어 버립니다. 가나안과는 언약을 맺지 말라는 명령을 어긴 것입니다. 결국, 그들이 가나안 주민이라는 사실이 들통납니다. 여호와의 이름으로 맺은 약속을 깰 수는 없었으므로 여호수아는 그들로 하여금 하나님의 집을 위하여 나무를 패고 물을 긷는 자가 되라고 합니다(23절). 기브온 주민 처지에서는 안전을 확보한 계략이 되었지만 이스라엘 백성 처지에서는 또 다른 실패가 되었습니다. 하나님을 배제하고 자기 멋대로 결정한 사례였기 때문입니다.

시편 140편과 **시편 141편**은 하나님을 향한 간절한 간구입니다. 시편 140편은 악인에게서 자신을 구원해 달라고 간구합니다(8절). 시편 141편은 악한 마음에서 자신을 구원해 달라고 간구합니다(4절). 우리가 악을 저지르는 경우는 두 가지입니다. 하나는 악인에 대한 반응입니다. 그에게 유혹을 당하거나 그에게 동조할 때 악을 행합니다. 다른 하나는 악한 마음에 대한 반응입니다. 부패한 마음속에서부터 일어나는 악한 계획들은 악을 행하게 만듭니다. 그러므로 우리는 항상 하나님께 간절히 기도해야 합니다. 악인에게 반응하지 않도록, 그들의 소원과 꾀에서 멀리 떨어지도록 기도해야 합니다. 또한 마음이 악한 일에 기울어지지 않도록, 악인들과 함께 죄를 범하

지 않도록 기도해야 합니다. 몸과 마음을 순전하게 잘 지켜야 합니다.

예레미야 3장은 유다의 반역을 더 자세히 설명합니다. 하나님은 유다의 반역을 간음한 여인으로 비유하십니다. 하나님과 유다 사이는 마치 남편과 아내와 같습니다. 하나님은 유다에게 성실하셨습니다. 그러나 유다는 하나님을 버리고 다른 남자와 간음을 저질렀습니다. 심지어 한 남자가 아닙니다. 하나님께서 분노하시기에 충분한 상황입니다. 이스라엘도 마찬가지입니다. 이스라엘은 유다보다 먼저 간음죄를 지었고 그로 말미암아 하나님께 이혼 증서까지 받았습니다. 이 모든 과정을 목격하고도 유다는 똑같은 죄를 지었습니다. 하나님께서 요구하시는 것은 한 가지입니다. 죄를 자복하고 돌아오는 것입니다. 그것만이 살길이요 그것만이 영광을 다시 찾는 길입니다.

마태복음 17장은 변화산 사건이 중심입니다. 제자의 길을 가르치신 예수님은 베드로와 야고보와 요한을 데리고 산에 올라가십니다. 그곳에서 영광스러운 육체로 변형되시고 모세와 엘리야와 더불어 말씀하십니다. 그때 하늘에서 "이는 내 사랑하는 아들이요 내 기뻐하는 자니 너희는 그의 말을 들으라"(5절)는 음성이 들립니다. 이 사건은 부활을 예고합니다. 앞선 본문에서 목숨을 버리기까지 자신을 따르라고 말씀하신 예수님께서 그것이 사실은 참된 생명을 얻는 길임을 가르치고 계십니다. 영광스러운 산 위와는 달리 산 아래는 여전히 질병과 무능이 지배하고 있었습니다. 귀신 들린 어린아이가 고통을 겪고 있었고 제자들은 그것을 해결하지 못하고 있었습니다. 예수님은 믿음이 필요하다고 다시 한 번 강조하십니다. 본격적으로 제자 교육에 들어간 예수님께서 가장 강조하시는 것이 바로 믿음입니다. 그리스도를 향한 온전한 믿음만이 우리의 삶을 영광스러운 산 위로 올려놓을 수 있습니다.

7월 July 08

여호수아10장 • 시편142-143편 • 예레미야4장 • 마태복음18장

여호수아 10장은 아모리의 다섯 왕을 쳐서 이기는 이야기입니다. 예루살렘의 왕은 기브온이 이스라엘에게 항복했다는 소식을 듣고 다른 왕들에게 연합하여 기브온을 치자고 제안합니다. 더 이상 반역자들이 나오지 않게 하기 위한 조치로 보입니다. 기브온 사람들이 여호수아에게 도움을 요청합니다. 여호수아가 모든 군사를 이끌고 이동할 때 하나님께서 승리를 보장해 주십니다. 이스라엘이 일방적인 승리를 거둡니다. 큰 우박 덩이가 아모리 족속의 연합군을 쓸어버립니다. 아모리 족속의 다섯 왕이 죽임을 당합니다. 여호수아는 내친 김에 막게다, 립나, 라기스, 게셀, 에글론, 헤브론, 드빌 등을 점령합니다. 그리고 가데스 바네아에서 가사까지와 온 고센 땅뿐만 아니라 기브온에 이르기까지 다 차지합니다(41절). 남부 지역을 완전히 점령한 것입니다. 본문은 이스라엘의 하나님 여호와께서 이스라엘을 위하여 싸우셨기 때문에(42절) 큰 승리를 얻게 되었다고 말합니다. 과거 가데스 바네아에서 모세가 파견하였던 정탐꾼 중에 가나안 정복은 불가능하다고 주장했던 열 명이 얼마나 헛소리를 한 것인지 다시 한 번 확인할 수 있습니다. 보이는 대로 성취되는 것이 아니라 말씀하신 대로 성취되는 것입니다. 우리가 항상 말씀을 믿어야 하는 이유입니다.

시편 142편과 **시편 143편**은 다윗이 피난처이신 하나님께 간구하는 기도입니다. 시편 142편에서 다윗은 마음이 상해 있습니다. 원통함과 우환이 있었습니다. 그는 자신을 돌보는 사람도 없고 피난처도 없다고 하소연을 합니다. 오직 하나님만 피난처가 되시고 분깃이 되시니 지금의 고통에서 건져 내어 주실 것을 간청합니다. 시편 143편에서도 마찬가지입니다. 다

윗은 상한 심령과 참담한 마음을 갖고 있습니다. 그는 주께서 옛적에 행하신 일을 기억하고 주를 사모합니다. 그는 주께서 속히 다닐 길을 알려 주시기를 간청합니다. 하나님은 우리의 환경을 바꾸실 뿐만 아니라 우리의 감정도 어루만져 주십니다. 상한 속마음을 고치십니다. 하나님을 사모하는 자는 상한 심령과 참담한 마음의 회복을 경험합니다.

예레미야 4장은 회개를 요청하고 심판을 예고합니다. 하나님은 간절히 외치십니다. "이스라엘아 네가 돌아오려거든 내게로 돌아오라"(1절). 회개하지 않으면 큰 재앙이 임할 것입니다. 하나님의 심판 예고는 전쟁입니다. 북방에서 재난과 큰 멸망이 온다는 말은 바벨론의 침략을 뜻합니다. 하나님께서 반복적으로 죄를 고발하고 회개를 요청하며 심판을 예고하시는 이유는 유다가 돌이켜서 다시 하나님을 찾기를 원하시기 때문입니다. 그러나 예레미야는 전쟁의 참상을 미리 봅니다. 그로 말미암아 깊은 고통을 느낍니다. 심판은 반드시 있습니다. 죄에 대한 형벌도 반드시 있습니다. 아직 기회가 있습니다. 돌이킬 수 없는 때가 오기 전에 돌이켜야 합니다.

마태복음 18장은 천국에 합당한 사람이 어떠한지를 비유로 말합니다. 천국은 어린아이와 같이 자기를 낮추는 자가 들어갑니다. 교만한 자는 들어갈 수 없습니다. 하나님은 잃어버린 양 한 마리를 끝까지 찾으십니다. 작은 자를 소중히 여기지 않는 것은 하나님의 마음을 무시하는 것입니다. 우리가 작은 자를 소중히 여길 수 있는 이유는 하나님께서 가장 작은 자인 나를 소중히 여겨 주셨기 때문입니다. 그 큰 빚을 탕감해 주시고 자녀로 삼아 주셨기 때문입니다. 하나님께 받은 이 커다란 사랑을 다른 사람에게 전하지 않는 자는 천국에 합당하지 않습니다. 천국에는 교만한 자가 아니라 겸손한 자가 어울립니다.

7월 July 09

여호수아11장 · 시편144편 · 예레미야5장 · 마태복음19장

여호수아 11장은 가나안 북부 지방을 점령하는 이야기입니다. 하솔 왕 야빈은 남쪽이 완전히 정복되었다는 소식을 듣고 북부 연합군을 형성합니다. 결사 항전의 태세로 모든 군사들을 데리고 나와 진을 쳤습니다. 본문은 그 수가 해변의 수많은 모래와 같고 말과 병거도 심히 많았다(4절)고 전합니다. 그러나 하나님께서 함께하시는 이스라엘 군에게 거칠 것은 없었습니다. 여호수아는 연합군의 머리인 하솔을 칼로 쳐서 죽이고 북부 지방까지 완전히 점령하게 됩니다. 본문은 여호수아가 하나님께서 명령하신 것을 남김없이 다 지켰다고 전합니다. 가나안 정복 전쟁이 일차적으로 끝났음을 의미합니다. 본문은 이 전쟁을 간단하게 요약하고 있지만 사실은 꽤 오랜 시간이 걸렸습니다(18절). 그 오랜 기간 동안 여호수아와 이스라엘은 하나님의 말씀에 충실하게 순종하면서 전쟁을 치렀습니다. 순종은 힘입니다. 하나님은 순종하는 자들에게 복과 은혜를 주십니다. 이 간단한 진리를 붙들고 삽시다.

시편 144편은 하나님은 순종하는 자들에게 복과 은혜를 주신다는 간단한 진리를 재진술합니다. "여호와를 자기 하나님으로 삼는 백성은 복이 있도다"(15절). 다윗은 하나님을 참으로 뜨겁게 고백합니다. 나의 반석, 나의 사랑, 나의 요새, 나의 산성, 나를 건지시는 이, 나의 방패로 고백합니다. 사람은 헛것 같고 인생은 그림자 같은데 하나님은 사람을 알아주십니다. 도우시고 구하십니다. 이 얼마나 아름답고 놀라운 신입니까? 그분을 하나님으로 삼는 자는 참으로 복을 얻습니다.

예레미야 5장은 예루살렘의 죄를 구체적으로 지적합니다. 하나님은 한 사람도 정의를 행하지 않았다고 한탄하십니다. 여호와의 길, 자기 하나님의 법을 아는 자가 전혀 없다고 비난하시기도 합니다. 그들은 어리석고 지각이 없으며 눈이 있어도 보지 못하며 귀가 있어도 듣지 못하는 백성입니다(21절). 무엇보다 이 악한 모습이 모든 계층에서 나타납니다. "선지자들은 거짓을 예언하며 제사장들은 자기 권력으로 다스리며 내 백성은 그것을 좋게 여기니 마지막에는 너희가 어찌하려느냐"(31절). 그 누구도 하나님을 바르게 따르지 않습니다. 우리가 받을 교훈은 이것입니다. 누구를 탓하기보다 나 자신부터 여호와의 길에 서 있는지 따져 봐야 합니다. 과연 나는 진심으로 여호와를 나의 하나님으로 삼고 있습니까? 그것을 복으로 여깁니까?

마태복음 19장은 부자 청년 이야기가 중심입니다. 바리새인들이 예수님을 시험하려고 이혼에 관해 묻습니다. 예수님은 창조의 원리로는 이혼할 수 없지만, 모세가 당시의 악한 문화에서 여인들을 보호하기 위해 이혼 증서 제도를 만들었다고 말씀하십니다. 그러므로 음행한 이유 외에는 이혼할 수 없습니다. 논쟁 중에 부자 청년이 '어떻게 해야 영생을 얻을 수 있는지' 묻습니다. 그는 이미 율법을 충분히 지키고 있었습니다. 그러나 예수님은 부자 청년의 마음을 꿰뚫어 보십니다. 그의 율법 준수에는 행위만 있었을 뿐이지 사실 마음이 없었습니다. 소유를 팔아 가난한 자에게 주고 예수님을 따르라는 말에 부자 청년이 돌아갑니다. 예수님은 부자가 하나님께 복 받은 자라는 생각에 젖어 있던 유대인들에게 부자가 하나님 나라에 들어가는 것이 어렵다는 충격적인 말씀을 하십니다. 이 말씀의 의도는 그 누구도 자기의 행위로 구원을 받을 수 없고 오직 하나님만이 그 일을 하실 수 있다는 것이었습니다. 자기 신뢰를 버리고 하나님을 의지합시다. 여호와를 자기 하나님으로 삼는 백성은 복이 있습니다.

7월 July 10

여호수아12-13장 • 시편145편 • 예레미야6장 • 마태복음20장

여호수아 12장은 이스라엘이 점령한 지역을 소개합니다. 먼저 요단 저편에 모세가 점령한 지역과 왕을 나열합니다. 이곳은 르우벤과 갓과 므낫세 반 지파의 소유입니다. 그리고 요단 이편에 여호수아가 점령한 지역과 왕이 나옵니다. 이곳은 나머지 지파의 소유입니다. **여호수아 13장**은 새로운 이야기를 시작합니다. 늙은 여호수아가 등장하는데, 여전히 정복해야 할 땅이 남아 있다고 합니다. 그리고 요단 저편 동쪽 땅을 어떻게 분배하였는지를 설명합니다. 드디어 하나님의 약속이 완성된 것입니다. 물론 여전히 불안 요소가 있습니다. 점령하지 못한 족속들이 남아 있기 때문입니다. 그럼에도 불구하고 우리는 몇 백 년에 걸쳐 하나님의 약속이 기어이 완성되는 현장을 봅니다. 때로 그 응답이 느린 것 같고 현실이 척박한 것 같아 보여도 말씀은 반드시 성취됩니다. 하나님께서 기어코 그렇게 하시기 때문입니다. 성취될 하나님의 말씀을 미리 바라보고 믿음으로 오늘을 사시기 바랍니다.

시편 145편은 다윗이 하나님의 성품과 사역을 진실로 노래하는 시입니다. 다윗은 하나님을 날마다 찬양한다고 고백합니다. 왜냐하면 그분은 크고 위대한 일을 행하시기 때문입니다. 무엇보다 그분은 은혜로우시고 긍휼이 많으시며 노하기를 더디 하시고 인자하심이 크십니다. 모든 것을 선대하시며 그 지으신 모든 것에 긍휼을 베푸십니다. 이토록 좋은 하나님을 찬양하지 않을 수 있겠습니까? 이토록 선한 하나님을 가까이하지 않을 수 있겠습니까? 이토록 자비로운 하나님께 기도하지 않을 수 있겠습니까? 진실로 그분은 모든 생물의 소원을 만족케 하십니다. 그분께 가까이 나아갑시다.

예레미야 6장은 예루살렘의 파멸을 예고하고 그 이유를 설명합니다. 예루살렘은 북방에서 오는 재앙과 파멸로 망하고 말 것입니다. 예루살렘이 망하는 가장 큰 이유는 듣지 않아서입니다. "내가 누구에게 말하며 누구에게 경책하여 듣게 할꼬 보라 그 귀가 할례를 받지 못하였으므로 듣지 못하는도다 보라 여호와의 말씀을 그들이 자신들에게 욕으로 여기고 이를 즐겨 하지 아니하니"(10절). 그들은 하나님의 말씀을 바르게 듣지 않았습니다. 거짓 선지자와 거짓 제사장이 전하는 거짓 교훈, 곧 '평강하다 평강하다'는 말만 들었습니다. 그래서 회개하지 아니하고 하나님의 율법을 거절했습니다. 결국 그들은 하나님께서 일으키신 북방 민족에게 멸망을 당하고 말 것입니다. 듣고 싶은 말만 들어서는 안 됩니다. 들어야 할 말을 들어야 합니다. 회개의 말을 들을 때는 회개해야 하고 믿음의 말을 들을 때는 믿어야 합니다.

마태복음 20장에서는 제자 교육이 계속됩니다. 먼저 예수님은 포도원 일꾼의 비유를 통해 하나님의 주권을 말씀하십니다. 사람의 공로가 아니라 하나님의 선물로 은혜를 얻습니다. 그러나 제자들은 여전히 이 진리를 온전히 깨닫지 못합니다. 야고보와 요한의 어머니가 찾아와 아들들에게 예수님 옆 자리를 달라고 청탁합니다. 예수님의 제자가 된다는 것을 돈과 권력과 명예를 얻는 일로 생각한 것입니다. 예수님은 섬김을 받으러 온 것이 아니라 섬기러 온 것이며, 그 절정에 십자가가 있다고 말씀하십니다. 예수님은 우리를 위한 대속물로 오셨습니다. 그럴 의무가 없음에도 불구하고 우리에게 은혜를 주시기 위해 친히 십자가의 대속물이 되셨습니다. 예수님의 십자가를 바르게 만난 사람은 으뜸이 되려고 애를 쓰지 않습니다. 높아지려는 욕망에 지지 않습니다. 낮은 자리를 택하고 섬김의 자리를 즐거워합니다. 당시 제자들에게 시행하였던 예수님의 제자 교육은 지금 우리에게도 꼭 필요한 내용입니다.

7월 July 11

여호수아14-15장 • 시편146-147편 • 예레미야7장 • 마태복음21장

여호수아 14장과 **여호수아 15장**은 요단 서쪽 지역 분배에 관한 이야기입니다. 특히, 유다 지파를 중심으로 합니다. 유다 지파에 속한 갈렙이 먼저 나섭니다. 갈렙은 여전히 용맹하고 믿음이 충만했습니다. 그는 아낙 자손이 남아 있는 헤브론 지역을 달라고 요청합니다. 아낙 자손은 기골이 장대한 거인들이었지만 갈렙은 두려워하지 않았습니다. 믿음이 있는 사람은 어떠해야 하는지를 갈렙이 잘 보여 주고 있습니다. 믿음이 있는 사람은 말씀 그대로 행합니다. 담대합니다. 염려와 걱정의 지배에서 벗어납니다. 나이와 환경을 탓하지 않습니다. 말씀대로 단순하게 삽니다. 유다 지파는 가장 넓은 지역을 분배받았습니다. 유다 지파가 가지고 있는 비중을 보여 줍니다. 가장 넓은 지역과 가장 많은 성을 분배받았지만 예루살렘 주민 여부스 족속을 완전히 쫓아내 버리지는 못합니다. 불안 요소가 남은 것입니다.

시편 146편과 **시편 147편**은 하나님을 의지하자고 소리 높여 노래하는 시입니다. 특히, 시편 146편은 사람이 아니라 하나님을 의지하자고 외칩니다. "귀인들을 의지하지 말며 도울 힘이 없는 인생도 의지하지 말지니"(3절). 억눌린 자와 주린 자를 도울 수 있는 분은 하나님밖에 없습니다. 그분은 나그네와 고아와 과부를 붙드십니다. 시편 147편은 하나님을 경외하는 자들을 기뻐하시는 하나님을 말합니다. 하나님은 상심한 자들을 고치시고 그들의 상처를 싸매어 주십니다. 그분은 능력이 많으시고 지혜로우십니다. 그래서 그분을 의지하는 겸손한 자들은 붙드시고 그분을 멀리하는 악한 자들은 엎드러뜨리십니다. 이와 같은 하나님을 아는 자들은 그분을 의지합니다. 담대히 행합니다. 염려와 걱정의 지배에서 벗어납니다. 환경을 두려워하지 않습니다. 말씀대로 단순하게 삽니다.

예레미야 7장은 이스라엘의 위선을 맹렬히 지적합니다. 하나님은 예레미야 선지자를 부르셔서 성전 앞에서 이와 같이 말하라고 말씀하십니다. "이것이 여호와의 성전이라, 여호와의 성전이라, 여호와의 성전이라 하는 거짓말을 믿지 말라"(4절). 하나님은 이것을 무익한 거짓말이라고 말씀하십니다. 종교 행위는 있지만 참된 신앙은 없었기 때문입니다. 그들은 번제와 희생제물은 드렸지만 하나님의 말씀을 청종하지 않았습니다. 정의를 실현하지도 않았습니다. 목이 곧고 악을 행하였습니다. "너희는 너희 하나님 여호와의 목소리를 순종하지 아니하며 교훈을 받지 아니하는 민족이라"(28절). 이스라엘이 여호와를 완전히 잊은 것은 아닙니다. 제사도 드렸고 율법도 지켰습니다. 그러나 이 모든 것이 위선일 뿐이었습니다. 마음에 공경함이 없었습니다. 하나님과 동시에 다른 신들을 섬겼습니다. 양다리 신앙은 사실 신앙이 아닙니다.

마태복음 21장은 열매 없는 신앙으로 가득한 예루살렘을 보여 줍니다. 예레미야 시대처럼 예수님 시대에도 위선이 가득했습니다. 예수님은 예루살렘에 겸손한 왕으로 입성하셔서 성전에서 매매하는 사람들을 모두 내쫓으셨습니다. 그리고 열매를 맺지 못한 무화과나무를 저주하셨습니다. 이 두 가지 사건은 한 가지 교훈을 전합니다. 당시 예루살렘 성전은 매우 화려했습니다. 헤롯이 유대인들의 마음을 사고자 웅장한 건물을 지어 주었기 때문입니다. 그러나 겉만 화려했을 뿐 속은 썩어 있었습니다. 성전에 가득해야 할 하나님의 영광이 없었습니다. 사람들의 탐욕만 가득했습니다. 마치 잎은 화려했지만 열매를 맺지 못한 무화과나무와 같은 형국입니다. 잎이 무성하면 열매를 맺어야 정상입니다. 열매를 맺지 못하는 나무는 쓸모가 없습니다. 예수님은 지금 예루살렘이 바로 그와 같다고 말씀하시고 있는 것입니다. 수많은 선지자들을 통해 그것을 지적했음에도 불구하고 예루살렘은 변하지 않았습니다. 심지어 하나님의 아들까지 잡아 죽일 것입니다. 포도원 비유를 통해 예수님께서 말씀하시는 바입니다. 위선을 경계해야 합니다. 거짓 신앙을 주의해야 합니다. 열매를 맺어야 합니다.

7월 July 12

여호수아16-17장 • 시편148편 • 예레미야8장 • 마태복음22장

여호수아 16장과 **여호수아 17장**은 에브라임과 므낫세 반 지파가 분배받은 땅을 기록합니다. 요셉이 받은 축복처럼 그의 자손들은 큰 땅을 얻습니다. 불안하게도 그들 역시 가나안의 남은 족속을 모두 쫓아내지 못합니다. 요셉의 자손들은 불만이 있었습니다. 인구수에 비해 땅이 좁다는 것입니다. 욕심을 낸 것입니다. 여호수아는 산에 올라가서 스스로 개척하라고 말합니다(17:15). 요셉 자손들은 산지가 넉넉하지 않고 그곳에 거주하는 가나안 주민들에게는 철 병거가 있어서 싫다고 합니다. 쉽게 얻을 수 있는 땅을 내놓으라는 의미입니다. 그러나 여호수아는 단호합니다. 철 병거가 있어도 능히 쫓아낼 수 있으니 스스로 개척하라고 다시 한 번 반복합니다. 지도자는 참 어려운 자리에 있는 사람입니다. 많은 사람들이 이런저런 요구를 하기 때문입니다. 그러나 신실한 지도자는 사람들의 요구에 휘둘리기보다는 하나님의 말씀대로 행합니다. 그것이 모든 사람을 유익하게 하는 가장 좋은 방식이기 때문입니다.

시편 148편은 천군 천사와 자연 만물과 모든 인생에게 하나님을 찬양하자고 요구합니다. 하나님은 해와 달과 하늘과 바다를 말씀으로 지으셨습니다. 우박과 눈과 안개와 광풍도 말씀으로 일으키십니다. 짐승과 가축과 새들도 하나님께서 친히 돌보십니다. 세상의 왕들과 모든 백성들과 고관과 재판관과 총각과 처녀와 노인과 아이도 하나님의 통치 안에 있습니다. 그야말로 하나님은 모든 것을 만드시고 돌보시며 다스리십니다. 그러므로 하나님을 믿는 자는 기꺼이 하나님께 예배합니다. 하나님의 방법을 따릅니다. 하나님께 순종합니다. 하나님의 손길이 미치지 않는 곳은 없기 때

문입니다.

예레미야 8장은 예루살렘의 거짓이 얼마나 깊은지를 보여 줍니다. 하나님께서 보실 때 예루살렘 백성은 항상 하나님을 떠나고 거짓을 고집했습니다. 심지어 돌아오라는 요청도 거절했습니다. 하나님 입장에서 이것은 정말 이상한 일이었습니다. 공중의 학도 그 정한 시기를 알고 산비둘기와 제비와 두루미도 올 때를 지키는데 이들은 그렇지 않은 겁니다. 하나님은 그들의 증상을 한 번 더 반복해 말씀하십니다. 가장 작은 자부터 큰 자까지 욕심을 내고 선지자로부터 제사장까지 다 거짓을 행합니다. 평강하다는 거짓말을 합니다. 결국 하나님은 심판을 선고하십니다. 예레미야는 동족의 파멸을 예상하며 깊은 근심에 빠집니다. 거짓은 정말 무서운 죄입니다. 자기가 저지르고 있는 죄가 얼마나 큰지를 깨닫지 못하게 합니다. 스스로도 속는 죄입니다. 사람을 어리석게 만듭니다. 고집스럽게 만듭니다. 성령께서 거짓된 마음을 고치실 때 비로소 정직한 마음을 얻게 됩니다. 우리 마음을 바꾸시는 성령의 역사를 간구합시다.

마태복음 22장은 성전에서의 논쟁입니다. 예수님은 혼인 잔치 비유를 통해 청함을 받은 자는 많지만 택함을 받은 자는 적다고 말씀하십니다. 청함을 받을 때 올바른 반응을 내놓아야 합니다. 바리새인과 사두개인 등이 예수님께 질문합니다. 예수님을 믿기 위함이 아니라 예수님을 시험하기 위함입니다. 그들은 많은 것을 알고 있었지만 사실 아무것도 알지 못했습니다. 예수님을 그리스도로 믿지 못했기 때문입니다. 예수님을 그리스도로 믿지 못하는 한 모든 지식은 의미가 없습니다. 그리스도를 아는 지식이 가장 고상합니다.

7월 July 13

여호수아18-19장 • 시편149-150편 • 예레미야9장 • 마태복음23장

여호수아 18장과 **여호수아 19장**은 나머지 지파들의 땅 분배 이야기입니다. 땅 분배는 매우 신실하고 공평하게 진행됩니다. 땅 분배를 받지 못한 일곱 지파가 땅을 그려서 오면 그것을 놓고 하나님 앞에서 제비를 뽑습니다. 베냐민, 시므온, 스불론, 잇사갈, 아셀, 납달리, 단 자손이 차례로 땅을 분배받습니다. 이 모든 일은 실로에 있는 회막 문 앞에서 결정되었습니다. 회막은 하나님께서 계신 곳입니다. 즉, 이스라엘의 땅 분배는 힘과 욕망 속에서 진행된 것이 아니라 하나님 앞에서 진행된 것입니다. 힘이 있다고 더 많은 땅을 받거나 욕심을 부려서 더 좋은 땅을 얻게 된 것이 아닙니다. 오직 하나님의 뜻대로 땅을 분배한 것입니다. 힘을 동원하고 욕심을 부려서 무엇인가를 얻는 것보다 하나님 앞에서 하나님의 뜻대로 주어진 것을 감사히 받는 것이 좋습니다. 그것이 가장 풍요롭고 가장 복되게 사는 길입니다.

시편 149편과 **시편 150편**은 하나님 나라의 최종적인 승리를 노래합니다. 특히, 시편 149편은 거룩한 전쟁을 준비하는 노래입니다. "그들의 입에는 하나님에 대한 찬양이 있고 그들의 손에는 두 날 가진 칼이 있도다"(6절). 하나님께서 왕이 되셔서 당신의 백성들에게 구원과 승리를 주실 것을 기대하고 있습니다. 시편 150편은 시편의 결론입니다. 능하시고 위대하신 하나님을 모든 것으로 찬양하라고 말합니다. 하나님은 능력이 많으십니다. 모든 것은 하나님의 뜻대로 진행됩니다. 그분은 당신이 한 말을 반드시 성취하십니다. 그러므로 돈과 권력과 인생을 의지하는 것보다 하나님을 의지하는 것이 가장 풍요롭고 복되게 사는 길입니다. 하나님을 찬양합시다.

예레미야 9장은 이웃 사랑과 정의가 실종된 유다의 모습입니다. 1절은 예레미야에게 눈물의 선지자라는 별칭을 붙여 주었습니다. 예레미야는 동족의 비극을 예상하며 주야로 울었습니다. 당시 유다 사회의 부패는 극에 달해 있었습니다. 이웃이 이웃을 속였습니다. 입으로는 평화를 말했지만 마음으로는 해를 꾸몄습니다. 이웃 사랑의 율법을 어디에서도 발견할 수 없는 지경이 되어 버렸습니다. 그들은 하나님께서 사랑과 정의와 공의를 행하시는 줄 몰랐습니다. 하나님은 그들이 마음에 할례를 받지 못하였다고 말씀하십니다. 하나님을 향한 사랑은 이웃 사랑을 통해 드러납니다. 하나님을 향한 사랑은 이웃 사랑을 통해 연단을 받습니다. 하나님 사랑과 이웃 사랑은 분리되지 않습니다. 이웃 사랑을 실천하지 않고 정의와 공의를 우습게 여기는 사람은 하나님을 진심으로 경외하는 사람이 아닙니다.

마태복음 23장은 바리새인의 위선을 무섭게 꾸짖습니다. 위선의 특징은 자기 과시입니다. 위선자는 기도하는 자기 자신을 사람들에게 보여 주고 싶어 합니다. 경건한 자기 자신을 보여 주고 싶어 합니다. 위선자의 마음에는 하나님이 없습니다. 위선자의 가장 큰 문제는 그 위선이 잘못인 줄 모른다는 점입니다. 그래서 위선을 권합니다. 가르칩니다. 인도자 노릇을 하려고 합니다. 예수님은 맹인이 맹인을 인도하는 형국이라고 비난하시고 바리새인을 눈먼 인도자로 규정하십니다. 위선자는 겉은 화려하지만 속은 시체로 가득한 회칠한 무덤과 같습니다. 위선자는 심판을 받습니다. 자기 점검은 성경을 통해 받아야 할 중요한 교훈입니다. 우리는 우리 자신을 세심하게 점검해야 합니다. 위선이 신앙생활에 스며든 것은 아닌지 확인해야 합니다. 이웃을 사랑하고 정의를 실천하는 일에 전무한 것은 아닌지도 확인해야 합니다. 자기중심적인 신앙이 되지 않도록 부지런히 스스로를 점검하시기 바랍니다.

7월 July 14

여호수아20-21장 • 사도행전1장 • 예레미야10장 • 마태복음24장

여호수아 20장과 **여호수아 21장**은 레위 지파가 받은 성에 관해 말합니다. 땅 분배는 레위 지파를 제외하고 이루어졌습니다. 레위 지파는 땅이 아니라 하나님을 기업으로 받은 지파이기 때문입니다. 가장 먼저 도피성 이야기가 나옵니다. 도피성은 부지중에 실수로 살인한 사람이 보복자를 피해 도망할 수 있는 성읍입니다. 레위 지파가 받은 48개의 성읍 중 6개가 도피성으로 지정됩니다. 도피성은 하나님께서 이스라엘 백성들을 위해 주신 것이었습니다(2절). 레위 지파는 48개의 성읍을 각 지파들로부터 공급받습니다. 그핫과 므라리, 그리고 게르손 자손이 각각 성을 분배받음으로 땅 분배가 완전히 끝납니다. 땅 분배가 끝난 뒤의 성경의 기록은 의미심장합니다. 마치 창조 사역이 끝난 것처럼 기록하고 있습니다. 땅 분배가 끝난 후에 하나님은 안식을 주셨습니다(44절). 그리고 창조 사역 시에 모든 것이 말씀하신 대로 이루어진 것처럼 지금도 하나님께서 말씀하신 선한 말씀이 하나도 남음이 없이 다 응하였습니다(45절). 창조가 완성되고 복된 시작이 열린 것처럼 이제 이스라엘 앞에 복된 시작이 기다리고 있는 것입니다. 하나님의 말씀이 완성될 때 복이 시작됩니다.

사도행전 1장은 하나님 나라의 출범식입니다. 구약에서 꾸준히 예언되었던 하나님의 말씀이 완성되었습니다. 부활하신 예수님께서 왕으로 승천하셨습니다. 그분께서 처음 오셨을 때에는 초라한 행색이었지만 다시 오실 때에는 왕의 영광을 지니실 것입니다. 예수님의 승천을 목격한 뒤 제자들이 모여서 기도합니다. 기도하던 중에 베드로가 일어나 구약과 예수님의 말씀을 해석하여 열두 제자를 맞추자고 제안합니다. 열둘은 상징적인 숫자입니다. 구약의 열두 지파가 이스라엘 국가를 형성했듯이 신약의 열두 제자는 하나님 나라를 보여 주는 상징입니다. 추천을 받고 기도를 한 후에 제

비를 뽑아 맛디아를 선출합니다. 예수님께서 떠나신 후 첫 번째 사건이 말씀의 해석과 적용이라는 점에 의미가 있습니다. 하나님의 말씀은 남김없이 이루어진다는 사실을 제자들이 깨달은 것입니다. 하나님의 말씀이 완성될 때 복이 시작됩니다. 하나님 나라가 힘 있게 출범하고 있습니다.

예레미야 10장은 우상과 참 하나님을 비교합니다. 이스라엘이 따르고 있는 우상은 그저 나무로 만든 조각상에 불과합니다. "여러 나라의 풍습은 헛된 것이니 삼림에서 벤 나무요 기술공의 두 손이 도끼로 만든 것이라"(3절). 그것은 말도 못하고 걸어 다니지도 못합니다. 죽은 나무에 불과하기에 당연히 복도 주지 못합니다. 반면에 하나님은 권능과 지혜가 충만하십니다. 그분은 권능으로 땅을 지으셨고 그분의 지혜로 세계를 세우셨습니다(12절). 만물의 조성자가 이스라엘을 당신의 백성으로 삼아 주셨으니 얼마나 감사한 일입니까? 그러나 어리석게도 이스라엘은 참 하나님을 버리고 우상을 따라갔습니다. 여호와를 찾지 아니하였습니다. 그 결과는 뻔합니다. 심판입니다. 예레미야는 하나님의 진노가 단지 징계로만 끝나길 바랍니다. 사람이 만든 것을 섬기는 것은 모두 우상 숭배입니다. 그것은 단지 나무 조각상만이 아닙니다. 오직 하나님만 참된 신이 되십니다. 하나님을 섬기는 자만 복을 얻습니다.

마태복음 24장은 종말에 대한 예언이 중심입니다. 예수님은 당시 유대인들이 자랑하던 성전이 완전히 무너질 것을 예언하십니다. 예수님의 예언은 이스라엘의 멸망과 세상의 멸망에 관한 것입니다. 특히, 이 세상의 멸망과 관련하여 많은 예언을 하셨습니다. 거짓 그리스도가 올 것이고 난리가 일어날 것이며 전쟁과 기근이 계속될 것입니다. 무엇보다 천국 복음이 땅 끝까지 전파될 때 끝이 올 것입니다. 그러므로 성도는 정신을 바짝 차리고 끝까지 견뎌야 합니다. 항상 준비해야 합니다. 충성되고 지혜 있는 종이 되어야 합니다. 마지막 날에 예수님께서 능력과 큰 영광으로 다시 오실 것입니다.

7월 July 15

여호수아22장 • 사도행전2장 • 예레미야11장 • 마태복음25장

여호수아 22장은 요단 동쪽 지파들 이야기입니다. 약속한 것처럼 요단 동쪽 지파들은 가나안 정복 전쟁에 열심히 참여했습니다. 여호수아는 그들을 불러 칭찬합니다(3절). 그리고 하나님을 힘써 사랑할 것을 명령하고 축복하며 집으로 돌려보냅니다. 그런데 이때 큰 사건 하나가 터집니다. 요단 동쪽 지파들이 강 근처에 큰 제단을 쌓았는데 이것이 요단 서쪽 지파들의 오해를 불러일으킨 것입니다. 서쪽 지파들이 볼 때 그 제단은 하나님을 향한 반역이었습니다(16절). 여호와를 위한 제단이 아닌 다른 제단으로 알았던 것입니다. 양쪽 군대가 실로에서 대결합니다. 다행히 전쟁을 하기 전에 서로 대화를 합니다. 동쪽 지파가 오해를 풀어 줍니다. 제단은 요단 동쪽 지파도 하나님의 분깃을 받은 지파임을 자손들에게 가르치기 위한 용도였습니다. 번제나 다른 제사를 위한 용도가 아니었던 것입니다. 그저 요단 동쪽 지파와 서쪽 지파 사이를 증명하는 증거일 뿐이었습니다(28절). 동쪽 지파의 해명을 듣고 서쪽 지파가 오해를 풉니다. 여기서 우리는 이스라엘이 그간의 경험을 따라 반응하고 있음을 발견합니다. 서쪽 지파는 브올 사건과 아간 사건의 예를 들며 동쪽 지파를 공격하려고 했습니다. 그만큼 그 사건들은 이스라엘에게 큰 상처를 안겼습니다. 과거의 실패를 통해 배우는 사람은 성장합니다. 하나님께 민감히 반응합시다. 그것이 우리의 삶을 안전하고 평안하게 합니다.

사도행전 2장은 성령의 임재와 교회의 시작을 보여 줍니다. 오순절 날이 이르렀습니다. 제자들은 여전히 기도 중입니다. 그때 하늘로부터 성령께서 임하셨습니다. 성령의 충만함을 받은 제자들은 각기 다른 언어로 말하는데, 명절을 맞아 예루살렘을 찾은 헬라파 유대인들이 크게 놀랍니다.

자기네들이 사는 지역의 언어로 하나님의 큰일을 말하고 있었기 때문입니다. 성령의 임재와 함께 시작된 방언은 바벨탑 이후 언어가 갈라짐으로 분열된 인류의 역사에 새로운 일이 시작되었음을 말해 줍니다. 죄로 말미암아 분열된 인류를 성령으로 하나 되게 하시고 있는 것입니다. 놀란 그들에게 베드로가 일어나 역사적인 설교를 합니다. 그는 구약을 그리스도께로 적용하며 믿음을 호소합니다. 그 자리에서 삼천 명의 신도들이 탄생합니다. 구원받은 그들은 교회를 형성합니다. 그들의 삶은 당시 문화를 뛰어넘는 것으로 많은 사람들의 주목과 칭찬을 받습니다. 그리스도를 믿고 성령의 충만을 받은 사람은 삶이 다릅니다. 자기중심적인 삶이 무너지고 하나님 나라 중심의 삶이 새롭게 만들어집니다.

예레미야 11장은 언약의 말을 다시 기억하라는 명령입니다. 하나님은 애굽에서 맺었던 언약을 꺼내 드십니다. "너희는 내 목소리를 순종하고 나의 모든 명령을 따라 행하라 그리하면 너희는 내 백성이 되겠고 나는 너희의 하나님이 되리라"(4절). 이 언약을 꺼내 드신 이유는 그들을 되돌리시기 위함이 아닙니다. 이제부터 그들이 당하게 되는 재앙이 그들의 반역과 죄 탓임을 분명히 하시기 위해서입니다. 하나님은 예레미야에게 이 백성을 위하여 기도하지 말고 그들을 위하여 부르짖거나 구하지 말라고 말씀하십니다. 하나님은 죄를 매우 미워하십니다. 그래서 반드시 심판하십니다.

마태복음 25장은 마지막 날에 대한 비유입니다. 우리는 마지막 날에 심판이 있음을 잊어서는 안 됩니다. 예수님은 두 가지 비유를 통해 그것을 명확히 가르치십니다. 열 처녀 비유와 달란트 비유가 그것입니다. 두 가지 모두 마지막 날은 반드시 올 것이고 그때에는 심판이 있다는 사실을 전합니다. 그러므로 깨어 있어야 합니다. 항상 충성스럽게 살아야 합니다. 그 날에는 예수님께서 모든 민족을 모으시고 염소와 양을 나누실 것이기 때문입니다.

7월 July 16

여호수아23장 • 사도행전3장 • 예레미야12장 • 마태복음26장

여호수아 23장은 여호수아의 마지막 설교입니다. 여호수아는 죽음을 감지하고 이스라엘의 지도자들을 불러 마지막 설교를 합니다. 여호수아의 설교 구조는 간단합니다. 하나님께서 이스라엘을 위해 행하신 크고 놀라운 일을 먼저 상기시킵니다. 그리고 이스라엘에게 권면합니다. 첫째는 여호와를 가까이하라(8절)는 것이고, 둘째는 여호와를 사랑하라(11절)는 것입니다. 경고도 합니다. 만약 하나님의 말씀대로 살지 않으면 그분의 선한 말씀이 모두 이루어진 것처럼 그분의 불길한 말씀도 이루어질 것이라고 합니다. 이 설교의 목적은 분명합니다. 우리의 하나님은 자비로우시고 선하시며 능력이 많으십니다. 하나님은 그것을 이미 증명하셨습니다. 그러므로 하나님을 사랑하고 하나님을 의지해야 합니다. 그것이 복된 삶입니다. 여호수아의 이 간결한 설교는 오늘날 우리에게도 동일한 교훈을 줍니다.

사도행전 3장은 베드로가 그리스도를 설교하는 장면입니다. 성전 미문 앞에서 날 대부터 앉은뱅이였던 사람이 구걸을 하고 있었습니다. 화려한 성전과 좌절한 인생이 서로 대조됩니다. 베드로와 요한이 그를 발견합니다. 그리고 나사렛 예수의 이름으로 그를 일으킵니다. 심히 놀란 사람들 앞에서 베드로가 설교를 시작합니다. 모세와 사무엘을 비롯한 모든 선지자가 지목한 생명의 주가 바로 예수 그리스도라는 설교입니다. 비록 유대인에게 죽임을 당했지만 예수님은 다시 살아나셨고, 자신이 바로 그 증인이라는 사실을 강조합니다. 그러므로 예수님을 믿으라고 전합니다. 여호수아가 하나님을 사랑하고 의지하라는 단순한 설교를 하고 있는 것처럼,

베드로도 죽으시고 살아나신 그리스도를 믿으라는 단순한 설교를 하고 있습니다. 말씀에 기초한 이 단순한 설교가 사람들의 마음을 움직입니다. 참된 은혜는 선동하는 말로 오지 않고 올바른 말씀으로 옵니다.

예레미야 12장은 예레미야의 질문과 하나님의 답변입니다. 예레미야의 질문은 간단합니다. 악한 자들이 형통하고 반역한 자들이 평안한 까닭에 관한 것입니다. 예레미야가 판단할 때 하나님께서 그들에게 복 주신 것처럼 보이기 때문입니다. 하나님의 답변도 간단합니다. 악한 이웃을 번성시킨 이유는 그들로 하여금 이스라엘을 징계하시기 위한 것입니다. 그러나 때가 되면 그들도 심판을 당할 것입니다.

마태복음 26장은 예수님께서 잡히시는 날에 관한 이야기입니다. 대제사장들과 백성의 장로들이 예수님을 잡기로 결정합니다. 열두 제자 중의 한 명인 가룟 유다가 예수님을 그들에게 팔아넘깁니다. 예수님은 마지막 만찬을 베푸시고 베드로의 배신을 예언하십니다. 겟세마네에서 기도하신 후에 드디어 붙잡히십니다. 예수님에 대한 재판은 속전속결이었습니다. 거짓 증인들을 동원해서 예수님께서 신성 모독의 죄를 지으셨다고 판결합니다. 신성 모독의 죄는 사형이었습니다. 재판받는 곳까지 따라왔던 베드로가 예수님을 세 번 부인합니다. 그리고 닭 울기 전에 네가 세 번 나를 부인하리라는 예수님의 말씀을 기억하며 심히 통곡합니다. 급박하게 진행된 일련의 과정을 보면, 악한 자들이 힘을 갖고 예수님을 잡은 것처럼 보입니다. 그러나 사실 이 모든 일은 하나님의 주권 아래에서 벌어졌습니다. 죄의 굴레에서 벗어날 수 없는, 그래서 심판받을 수밖에 없는 우리를 대신하여 예수 그리스도께서 십자가에 올라가시기 위한 과정입니다. 악이 승리한 것처럼 보인 그 밤이 사실은 악으로부터 영원한 승리를 거둔 밤이었던 것입니다.

7월 17 July

여호수아24장 • 사도행전4장 • 예레미야13장 • 마태복음27장

여호수아 24장은 소위 세겜 언약에 관한 이야기입니다. 지도자들에게 고별 설교를 마친 여호수아가 이번에는 온 이스라엘에게 고별 설교를 합니다. 설교의 구조는 같습니다. 아브라함을 일으키신 하나님께서 출애굽을 시키시고 광야에서 돌보시며 가나안을 주시기까지 함께하셨음을 다시 상기시킵니다. 이렇게 자비롭고 능하신 하나님을 섬기지 않고 누구를 섬길 수 있겠습니까? 여호수아는 우상을 치워 버리고 오직 여호와만 섬기라고 말합니다. 만약 그렇게 하지 않겠다면 나와 내 집만이라도 그렇게 하겠다고 단호히 말합니다. 백성들도 여호와만 우리 하나님이 되신다고 고백합니다. 그날에 여호수아가 세겜에서 백성과 더불어 언약을 맺습니다(25절). 그리고 얼마 지나지 않아 백십 세의 나이에 죽습니다. 이렇게 한 세대가 끝납니다. 여호수아 이야기를 통해 우리는 하나님께서 당신의 언약에 참으로 신실하심을 배웁니다. 수백 년 전에 약속하신 바를 하나도 남음이 없이 모두 이루십니다. 그 하나님은 지금도 동일하십니다. 하나님은 항상 하나님의 일을 하십니다. 그러므로 우리가 할 일은 하나님과 맺은 언약에 충성하는 것입니다. 즉, 하나님께서 우리에게 주신 말씀에 순종하는 것입니다.

사도행전 4장은 공회 앞에서도 담대히 그리스도를 전하는 베드로와 요한에 관한 이야기입니다. 예수 안에 죽은 자의 부활이 있음을 싫어하는 사람들이 베드로와 요한을 잡아 가둡니다. 그리고 공회 앞에 세워 심문하고 위협합니다. 그러나 그날의 베드로와 요한은 예수님께서 잡히시던 날의 그들이 아니었습니다. 베드로는 담대히 그리스도를 전하며 이렇게 말합

니다. “하나님 앞에서 너희의 말을 듣는 것이 하나님의 말씀을 듣는 것보다 옳은가 판단하라”(19절). 담대한 사도들처럼 교회도 담대했습니다. 성령의 충만함 속에서 하나님의 말씀을 담대히 전했고 사랑으로 자기 것을 나누었습니다. 하나님은 신실하십니다. 항상 당신의 일을 온전히 행하십니다. 그러므로 우리도 담대한 마음으로 하나님께 충성합시다. 말씀을 전하고 사랑을 실천합시다.

예레미야 13장은 교만의 죄를 경고합니다. 하나님은 예레미야에게 베띠를 가져다가 유브라데 물가에 감추라고 말씀하십니다. 여러 날 후에는 썩은 그 띠를 다시 찾아오라고 말씀하십니다. 이것의 교훈은 하나님께서 유다의 교만과 예루살렘의 교만을 이와 같이 썩게 하신다는 것입니다. 교만의 죄는 하나님께서 가장 미워하시는 것입니다. 교만은 하나님과 동등한 자리에 앉고자 하는 죄이기 때문입니다. 그러므로 교만한 자는 반드시 징계를 당합니다. 우리가 있을 자리는 그곳이 아닙니다. 우리가 있을 자리는 주를 섬기는 곳입니다. 주께 충성을 드리는 자리입니다. 자기 자리가 아닌 자리에 앉은 사람은 반드시 쫓겨나게 될 것입니다.

마태복음 27장은 그리스도의 십자가가 중심이 된 이야기입니다. 십자가는 감히 하나님의 자리를 차지하고 살아간 우리가 있어야 할 자리입니다. 우리가 있어야 할 그 자리에 예수님께서 올라가십니다. 우리가 받아야 할 재판을 예수님께서 받으십니다. 우리가 당해야 할 조롱을 예수님께서 당하십니다. 우리가 찔려야 할 창을 예수님께서 찔리십니다. 우리가 죽어야 할 죽음을 예수님께서 취하십니다. 우리가 들어가야 할 무덤에 예수님께서 들어가십니다. 예수님께서 당하신 수치와 조롱과 죽음으로 말미암아 우리가 영광과 명예와 생명을 얻었습니다. 우리가 예수님께 충성하며 담대히 믿음으로 살아갈 수 있는 이유입니다.

7월 July **18**

사사기1장 • 사도행전5장 • 예레미야14장 • 마태복음28장

사사기 1장은 불안한 시대의 전조를 보여 줍니다. 여호수아가 죽은 후에 남아 있는 가나안 족속과의 싸움을 위해 누가 올라갈 것인지를 하나님께 묻습니다. 유다 지파가 뽑힙니다. 유다 지파는 파죽지세로 땅을 점령해 갑니다. 예루살렘과 헤브론을 차지하고 드빌을 점령합니다. 스밧과 가사, 아스글론, 에그론 등도 점령합니다. 모든 것이 순조로워 보이는 중에 몇 가지 불안 요소가 나타납니다. 첫째, 아도니 베섹의 엄지손가락과 엄지발가락을 자른 일입니다. 이것은 전형적인 가나안의 풍습입니다. 둘째, 골짜기의 주민들을 쫓아내지 못한 일입니다. 철 병거 때문이라는 말에서 하나님의 능력에 대한 불신을 발견할 수 있습니다. 요셉과 므낫세와 에브라임과 스불론과 아셀과 납달리 자손은 자기 지역에 있던 가나안 사람들을 완전히 쫓아내지 못합니다. 심지어 단 지파는 아모리 족속에게 밀려납니다. 순종의 기준을 낮춰서는 안 됩니다. 하나님은 우리에게 온전한 순종을 원하십니다. 우리가 임의로 순종의 기준을 낮추는 것은 현실에 대한 타협이고, 그것은 믿음의 결핍에 따른 것입니다.

사도행전 5장은 초대 교회의 위기를 다룹니다. 초대 교회는 내부와 외부의 위기를 겪습니다. 내부의 위기는 성령을 속인 아나니아와 삽비라로 말미암은 것입니다. 그들은 욕망에 사로잡혀서 성령을 속입니다. 결국 그들은 하나님께 직접적인 징계를 당합니다. 교회의 순결이 얼마나 중요한지를 배울 수 있습니다. 교회는 거룩해야 합니다. 그러기 위해 죄를 전염시키는 누룩을 제거해야 합니다. 외부의 위기는 예루살렘 공회의 핍박입니다. 교회가 커질수록 핍박이 점점 거세졌습니다. 사두개인의 당파가 사도

들을 잡아다가 가둡니다. 공회가 그들을 죽이려고 할 때 뜻밖의 인물이 돕습니다. 율법 교사로 명망이 있는 바리새인 가말리엘입니다. 가말리엘은 그들이 만약에 하나님으로부터 오지 않았다면 스스로 망할 것이라며 내버려 두자고 합니다. 초대 교회는 기준을 낮추지 않았습니다. 내부의 위기 앞에서 거룩함의 기준을 유지했고 외부의 핍박 앞에서도 순종의 기준을 꺾지 않았습니다.

예레미야 14장은 이스라엘 백성들이 당하게 될 재앙에 관한 내용입니다. 먼저 가뭄이 올 것입니다. 땅에 비가 없어 지면이 갈라져서 밭에 소산물이 없을 것입니다. 짐승들이 먹을 풀도 없어질 것입니다. 또한 칼과 기근과 전염병이 이 백성을 망하게 할 것입니다. 이 모든 것은 그들이 하나님의 말씀을 버렸기 때문에 일어날 재앙들입니다. 예레미야가 열심히 호소를 해 봅니다. 그가 기대할 것은 하나님의 영광과 언약입니다. 비록 우리는 죄를 지었지만 하나님께서 스스로의 영광을 위해 이 백성을 버리지 말아 달라고 간청합니다. 또한 언약을 기억하시고 폐하지 말아 달라고 기도합니다. 회개 기도는 우리의 행위를 걸고 하는 것이 아닙니다. 하나님의 성품에 기대어 하는 것입니다.

마태복음 28장은 부활이 중심이 된 이야기입니다. 죽은 줄 알았던 예수님께서 살아나십니다. 부활하신 예수님은 가장 먼저 여인들에게, 그리고 제자들에게 나타나십니다. 부활의 소망은 초대 교회를 일으킨 동력입니다. 초대 교회의 성도들은 죽은 자의 부활을 전하면서 복음을 전했습니다. 이것은 예수님의 명령이기도 합니다. 우리는 그리스도의 복음을 들고 모든 민족을 제자로 삼아 아버지와 아들과 성령의 이름으로 세례를 베풀고 예수님께서 분부하신 모든 것을 가르쳐 지키게 해야 합니다(19–20절). 이 기준을 절대 낮추어서는 안 됩니다. 우리 모두가 이 명령을 받은 제자입니다.

7월 July 19

사사기2장 • 사도행전6장 • 예레미야15장 • 마가복음1장

사사기 2장은 다른 세대의 출현을 말합니다. 여호와의 사자가 길갈에서부터 보김으로 올라와 말합니다. 이스라엘의 불순종이 곧 그들의 가시와 올무가 될 것이라고 말합니다. 본문은 왜 이런 지경까지 이르렀는지를 설명합니다. 여호와를 알지 못하는 세대가 일어났기 때문입니다. 그들은 여호와를 알지 못했고 여호와께서 행하신 일도 알지 못했습니다. 그리고 바알들을 섬겼습니다. 결국 불길한 말씀이 이루어졌습니다. 하나님께서 그들을 대적의 손에 넘기신 것입니다. 그러나 은혜로우신 하나님은 사사를 보내셔서 그들을 구원하셨습니다. 사사기 저자는 이것이 하나의 패턴이라고 말합니다. 이스라엘이 반역합니다. 대적에게 고난을 당합니다. 이스라엘이 고통을 호소합니다. 사사가 구원합니다. 사사가 죽은 후에 다시 반역합니다. 대적에게 고난을 당합니다. 앞으로 본문은 하나님의 신실하심과 이스라엘의 끈질긴 반역을 대조하면서 영원한 사사의 필요성을 보여줄 것입니다. 영원한 사사는 바로 예수 그리스도입니다.

사도행전 6장은 일곱 집사 이야기입니다. 초대 교회가 다시 한 번 위기를 겪습니다. 헬라파 과부가 구제에 빠진 것 때문에 분열이 생긴 것입니다. 사도들은 일곱 집사를 세워서 이 문제를 해결합니다. 교회는 한두 사람의 리더십으로 세워지지 않습니다. 모두가 자기 자리에서 힘을 모을 때 선한 일이 일어납니다. 집사라는 직분을 통해 하나님의 말씀이 더 왕성해졌습니다. 특히, 본문은 스데반을 주목합니다. 스데반은 은혜와 권능이 충만했습니다. 논쟁을 해도 지지 않았습니다. 그러자 사람들이 그를 잡아다가 공회에 세웁니다. 하나님의 복음이 큰 기적과 권능으로 선포되는 와

중에도 그 복음을 끈질기게 반대하는 사람들이 계속해서 나옵니다. 결국 둘 중 하나입니다. 하나님의 신실하심에 반응하여 충성스럽게 사는 사람과 그것에 눈을 감고 반역하는 사람입니다.

예레미야 15장은 하나님의 심판 선언입니다. 이스라엘의 죄가 얼마나 깊은지 하나님은 모세와 사무엘이 와서 당신 앞에 선다 하여도 이 백성을 향한 마음을 돌이키지 않겠다고 말씀하십니다. 네 가지로 벌하겠다고 하시는데, 죽이는 칼과 찢는 개와 삼켜 멸하는 공중의 새와 땅의 짐승입니다. 그만큼 하나님의 심판 선언은 단호합니다. 이제 예레미야가 곤경에 처합니다. 심판을 말하고 다니는 예레미야를 모든 사람들이 대적하고 있기 때문입니다. 그들은 심판 선언을 듣고 돌이키기보다는 오히려 심판을 말하는 선지자를 대적하고 있습니다. 사람의 죄가 얼마나 끈질기고 집요한지 모릅니다. 사사 시대에 지었던 그 죄를 이스라엘은 끝없이 반복하고 있습니다.

마가복음 1장은 하나님의 아들 예수 그리스도의 복음이 어떻게 시작되고 있는지를 묘사합니다. 이 끈질기고 집요한 죄를 영원히 해결하기 위해 예수님께서 이 땅에 오셨습니다. 세례 요한은 그 길을 준비한 선지자입니다. 그는 회개를 외쳤습니다. 때가 찼고 예수님께서 오셔서 하나님 나라의 복음을 전하십니다. 제자들을 부르신 후에 본격적인 사역을 시작하십니다. 귀신을 쫓아내시고 병자를 고치시며 전도를 하십니다. 죄 때문에 황폐화된 인생을 새롭게 하십니다. 사람들의 인생 속에 생명과 기쁨의 소식이 전파되기 시작했습니다.

7월 July 20

사사기3장 • 사도행전7장 • 예레미야16장 • 마가복음2장

사사기 3장은 사사 옷니엘과 에훗과 삼갈이 중심이 된 이야기입니다. 이스라엘 관점에서 볼 때 가나안 주민들이 남아 있는 이유는 그들의 불순종 때문입니다. 반면에 하나님께서 가나안 주민들을 남겨 놓으신 이유는 그들로 이스라엘을 시험하고 가르치고자 하심입니다(1–2절). 이스라엘이 악을 행합니다. 하나님께서 메소보다미아 왕 구산 리사다임을 들어 징계하십니다. 이스라엘이 부르짖습니다. 하나님께서 옷니엘을 세워 이스라엘을 구원하십니다. 이스라엘이 또 악을 행합니다. 하나님께서 이번에는 모압 왕 에글론을 들어 징계하십니다. 이스라엘이 부르짖습니다. 하나님께서 에훗을 세워 이스라엘을 구원하십니다. 에훗 후에는 삼갈이 블레셋으로부터 이스라엘을 구원합니다. 반복되는 구조 속에서 하나님은 이스라엘이 순종하기를 원하십니다. 그것이 징계와 구원을 계속하시는 이유입니다. 하나님의 징계는 우리를 가르치시기 위한 것입니다. 하나님의 구원은 우리를 사랑하시기 때문입니다. 그러므로 징계와 구원 속에서 사람은 마땅히 하나님을 경외함으로 순종해야 합니다.

사도행전 7장은 스데반의 설교와 순교에 관한 이야기입니다. 공회 앞에 선 스데반은 담대히 복음을 설교합니다. 스데반의 설교는 구약을 가로질러 그리스도를 명확히 증거합니다. 그는 하나님께서 아브라함에게 주신 언약이 어떤 방식으로 성취되는지를 일목요연하게 설명합니다. 야곱과 열두 아들을 거쳐 모세를 통해 이루신 이스라엘 민족의 구원과 형성, 그리고 다윗의 시를 인용하여 그리스도를 선명히 전합니다. 무엇보다 그들이 지금 구약에서 예언된 그리스도를 거역하고 있다는 사실을 말합니다. 그들은 찔림을 받습니다. 그러나 회개하지 않고 오히려 스데반을 죽여 버립니다. 복음이 선명하게 선포되면 누군가는 찔림을 받고 회개하지만 누군가는 찔림을 받고 분노합니다. 누군가의 반응은 우리의 몫이 아닙니다. 우리의 몫은 그리스도를 바르게 전하는 것입니다. 성령께서 역사하시면 누군가는 찔림을 받고 회개함으로 그리스도를 믿을 것입니다.

예레미야 16장에는 심판 중에 긍휼을 잊지 아니하시는 하나님께서 등장하십니다. 하나님은 예레미야에게 결혼도 하지 말고 자녀도 낳지 말라고 말씀하십니다. 재앙의 날이 오면 많은 사람들이 죽을 것이기 때문입니다. 심지어 매장하거나 애곡할 사람도 없어질 것이라고 말씀하십니다. 하나님의 심판이 얼마나 무서울지 상상해 보십시오. 이것은 오랜 시간 축적된 죄의 결과입니다. 선조들도 하나님을 버리고 다른 신들을 따라갔습니다. 그런데 이제 그들은 선조보다 더욱 악을 행하였습니다. 철저한 심판을 예고하신 후에 하나님은 한 줄기 희망을 말씀하십니다. 하나님께서 다시 그들을 그들의 땅으로 인도하여 들이실 것이라는 약속입니다. 하나님은 죄악을 징계하시는 중에도 긍휼을 잊지 아니하십니다.

마가복음 2장은 예수님께 죄 사함의 권세가 있음을 말합니다. 중풍병자가 찾아옵니다. 예수님은 다른 병자들과는 달리 그에게 죄 사함을 받았다고 말씀하십니다. 하나님 외에는 할 수 없는 말을 하신 것입니다. 바리새인들이 발끈합니다. 예수님은 자신에게 죄 사함의 권세가 있음을 알게 하려고 이 말씀을 하셨다고 말씀하십니다. 예수님은 의인을 부르러 오신 것이 아니라 죄인을 부르러 오셨습니다. 구약의 이스라엘이 끊임없이 저지르는 죄는 그리스도를 향한 갈증을 불러일으킵니다. 사람으로는 끊어 낼 수 없는 죄의 고리를 누군가는 반드시 끊어 주어야 하는데, 그분이 바로 예수 그리스도이십니다. 예수 그리스도는 죄인을 불러 그의 죄를 사하시기 위해 이 땅에 오셨습니다. 죄 있는 모든 자들은 그리스도 앞으로 나아가십시오. 그리스도는 찾아오는 모든 죄인을 받아 주십니다.

7월 July **21**

사사기4장 • 사도행전8장 • 예레미야17장 • 마가복음3장

사사기 4장은 여자 사사 드보라가 중심이 된 이야기입니다. 에훗이 죽은 후 이스라엘이 또 악을 행합니다. 하나님께서 이번에는 하솔 왕 야빈을 들어 이스라엘을 징계하십니다. 이스라엘이 부르짖습니다. 하나님께서 여자 사사 드보라를 세우십니다. 여자 사사는 당시 문화에서 매우 파격적이었습니다. 사사는 재판관을 의미하는데, 실질적으로 나라의 통치자 역할을 하였기 때문입니다. 아마도 사사로 세울 만한 남자가 없었기 때문이 아닐까 싶습니다. 그만큼 이스라엘의 신앙 상태가 엉망이었음을 보여 주는 상징적인 사례입니다. 어찌되었든 하나님은 여자 사사를 세우셔서 이스라엘을 구원하십니다. 드보라는 바락을 임명하여 야빈의 군대 장관 시스라와 싸우게 합니다. 하나님께서 직접 시스라의 군대를 혼란에 빠뜨리십니다. 도망치던 시스라를 죽인 사람도 여성입니다. 헤벨의 아내 야엘입니다. 하나님께서 뜻하시면 가장 연약한 사람이 가장 강한 사람을 죽일 수도 있습니다. 우리의 힘과 능력이 중요하지 않습니다. 하나님의 뜻이 중요합니다. 하나님의 뜻에 순종하면 힘과 능력이 없는 자들도 승리할 수 있습니다.

사도행전 8장은 빌립의 전도 여행을 보여 줍니다. 스데반이 죽고 예루살렘에 큰 박해가 일어납니다. 성도들이 유대 전역으로 흩어집니다. "성령이 너희에게 임하시면 너희가 권능을 받고 예루살렘과 온 유대와 사마리아와 땅 끝까지 이르러 내 증인이 되리라"(1:8)는 말씀이 성취되고 있습니다. 빌립이 사마리아에 복음을 전합니다. 사마리아도 하나님의 말씀을 받습니다. 비록 성령을 이용하고자 했던 마술사 시몬 같은 이도 있었지만 사마리아에 사는 많은 사람들이 복음을 받아들였습니다. 빌립은 성령께서 이끄시는 대로 광야로 나갑니다. 거기서 마침 이사야의 글을 읽는 에티오

피아 내시를 만나 복음을 전합니다. 빌립은 그리스도를 믿는 그에게 세례를 베풉니다. 예수님께서 말씀하신 대로 하나님 나라가 확장되고 있습니다. 주의 뜻대로 그리스도의 복음을 전했더니 말도 안 되는 일이 여기저기서 일어나는 것을 발견합니다. 나의 뜻이 아닙니다. 하나님의 뜻이 중요합니다. 하나님의 뜻대로 사는 자는 하나님 나라를 체험합니다.

예레미야 17장은 안식일 규정을 강조합니다. 사람을 믿고 육신으로 그의 힘을 삼는 자는 망합니다. 반면에 여호와를 의지하고 의뢰하는 자는 복을 받습니다. 안타깝게도 당시 유다 사람들은 이 간단한 진리를 깨닫지 못했습니다. 그들의 불신은 안식일에 더 선명히 나타났습니다. 하나님은 안식일을 거룩히 하고 일을 쉴 것을 명령하셨지만 유다 사람들은 그렇게 하지 않았습니다. 안식일을 소중히 다루는 것은 하나님과 그의 말씀을 소중히 다루는 것입니다. 그런 자에게는 하나님께서 복을 주실 것입니다. 반면에 안식일을 하찮게 여기는 자는 하나님과 그의 말씀을 하찮게 여기는 것이므로 하나님께서 징계하실 것입니다.

마가복음 3장은 안식일 논쟁이 중심이 된 이야기입니다. 당시 유대인들은 안식일을 매우 엄격하게 지켰습니다. 단, 안식일의 의미가 무엇인지도 모른 채 없는 규범을 만들어 지켰다는 것이 문제입니다. 예수님은 안식일이 생명과 선을 위한 것이라고 말씀하십니다. 안식일은 하나님께서 사람을 위해 주신 것이기 때문입니다. 그러므로 안식일을 지키는 것은 단순히 문자적인 규칙을 수행하는 것에 있지 않고 생명과 선을 실천하는 것에 있습니다. 안식일을 소중히 다루어야 합니다. 하나님께서 우리에게 주신 날이기 때문입니다. 그러나 그것은 문자에만 집착하는 행위가 되어서는 안 됩니다. 하나님께서 주신 의미를 바르게 이해하고 실천할 때 하나님께서 그날을 우리를 위해 복되게 하실 것입니다.

사사기5장 • 사도행전9장 • 예레미야18장 • 마가복음4장

사사기 5장은 드보라와 바락의 노래입니다. 하솔 왕 야빈과의 전쟁을 돌아보며 하나님을 찬양하는 노래입니다. 하나님께서 과거에 그렇게 하셨듯이 지금도 이스라엘 가운데 오셔서 승리케 하셨음을 강조합니다. 그리고 전쟁에 함께 참여한 자들을 칭찬하고 그들의 용맹함을 노래합니다. 후반부에는 헤벨의 아내 야엘의 행동을 칭찬합니다. 그리고 마지막으로 원수는 망하게 하시고 주를 사랑하는 자들은 해가 힘 있게 돋음 같게 하시기를 기원합니다(31절). 하나님은 실로 찬양받기에 합당하십니다. 당신의 백성을 돌보시는 분이요 당신의 언약에 신실하신 분입니다. 하나님께서 행하시는 일을 주목해서 보는 사람은 하나님을 찬양하지 않을 수 없습니다. 또한 하나님께 기도하지 않을 수 없습니다. 하나님은 악을 꺾으시고 선을 높이시기 때문입니다. 고통과 상실 속에서도 하나님을 노래합시다. 하나님께서 주를 사랑하는 자들을 해가 돋음 같이 힘 있게 하실 것입니다.

사도행전 9장은 사울이 회개하는 장면입니다. 사울은 스데반의 죽음을 마땅히 여겼습니다. 그는 살기등등한 태도로 제자들을 죽이고자 공문을 받아 다메섹을 향해 떠납니다. 그러나 길가에서 예수님을 만나 소경이 됩니다. 무엇이든 다 할 수 있다 믿었던 청년 사울이 이제는 누군가의 도움을 받지 않으면 한 발자국도 걸을 수 없는 무력자가 되었습니다. 다메섹에서 아나니아의 안수를 받고 눈이 떠진 사울은 세례를 받습니다. 그리고 회당을 돌아다니며 예수님께서 하나님의 아들이심을 전파합니다. 유대인들이 크게 놀랍니다. 예수님을 누구보다 증오하던 그가 이제는 예수님을 가장 사랑하는 자가 되어 나타났기 때문입니다. 결국 유대인들은 사울을 죽

이기로 작정합니다. 이 계획을 눈치 챈 제자들이 사울을 야반도주시킵니다. 사울은 예루살렘에서 머물며 복음을 전했지만, 그곳에서도 위협을 당했습니다. 사울은 다소에 머물게 됩니다. 그 와중에 베드로는 사방을 돌아다니며 기적을 행하고 복음을 전합니다. 하나님은 항상 하나님의 일을 성실하게 하십니다. 특히, 사람을 통하여 일하십니다. 하나님께서 오늘 우리에게 맡기신 일이 무엇인지 깊이 헤아려 봅시다.

예레미야 18장은 토기장이 비유입니다. 하나님은 토기장이 비유를 통해 당신의 주권을 설명하십니다. 토기장이가 진흙을 자기 뜻대로 다루듯이 하나님은 만국을 당신의 뜻대로 다루실 수 있습니다. 악한 자들을 심판하실 수 있고 선한 자들에게 복 주실 수 있습니다. 그러므로 반역하고 간음한 이스라엘 백성을 징계하실 수 있습니다. 하나님의 심판 선언을 전달한 예레미야를 사람들이 죽이려고 합니다. 예레미야는 그들에게 유익한 말을 하였는데 그들은 예레미야를 구덩이에 던지려고 한 것입니다.

마가복음 4장은 천국 비유입니다. 길가 밭, 돌밭, 가시 떨기에서는 열매가 맺히지 않습니다. 좋은 땅에서만 열매가 맺힙니다. 이 비유는 말씀을 듣고 받아서 결실을 하는 자가 천국에 합당하다는 교훈입니다. 말씀을 듣고 깨달아야 합니다. 회개의 말씀을 들었으면 회개해야 합니다. 권면의 말씀을 들었으면 순종해야 합니다. 말씀은 모두 유익합니다. 때때로 말씀이 기분을 상하게 할 수도 있습니다. 그러나 말씀은 항상 우리를 복되게 합니다. 길가 밭, 돌밭, 가시 떨기가 되지 말고 좋은 땅이 되어서 말씀의 결실을 맺읍시다.

7월 July 23

사사기6장 • 사도행전10장 • 예레미야19장 • 마가복음5장

사사기 6장은 사사 기드온이 중심이 된 이야기입니다. 이스라엘이 악을 행합니다. 하나님께서 미디안을 들어 징계하십니다. 특히, 그들은 이스라엘이 파종할 때에 찾아와서 먹을 것을 남겨 두지 않고 모두 약탈해 갔습니다. 이스라엘이 부르짖습니다. 하나님께서 기드온을 사사로 부르십니다. 그러나 기드온은 겁이 많은 사람이었습니다. 스스로 약하고 작은 자라고 말합니다(15절). 두 번이나 표징을 구합니다. 한번은 자신이 정말로 이스라엘의 구원자가 될 수 있는지를, 한번은 정말로 이스라엘이 전쟁에서 승리할 수 있는지를 구합니다. 하나님은 기드온의 요청을 들어주셔서 그의 믿음을 굳건하게 하십니다. 하나님께서 누군가를 부르실 때 그 누군가의 능력이 충만해서 부르시는 것이 아닙니다. 오히려 약하고 작은 자를 통해 능력이 충만하신 하나님을 보여 주시기 위해 부르십니다. 우리가 하나님께 부르심을 받은 것도 마찬가지입니다. 우리의 능력 때문이 아니라 오히려 우리의 연약함 때문에 부르심을 받은 것입니다.

사도행전 10장은 고넬료 이야기입니다. 고넬료는 경건한 사람이기는 했지만 이방인이었습니다. 어느 날 베드로가 환상을 봅니다. 온갖 부정한 음식들을 먹으라는 명령에 베드로는 거부하지만 하나님께서 깨끗하게 하신 것을 속되다 하지 말라는 말씀을 듣습니다. 그때 고넬료가 보낸 사람이 찾아옵니다. 베드로는 하나님의 뜻임을 알고 고넬료에게 그리스도를 전합니다. 놀랍게도 그 현장에 성령께서 임하십니다. 베드로가 그에게 세례를 베풉니다. 하나님의 뜻이 이방인 전도에 있음이 확증된 것입니다. 자기 자신에 대한 편견이, 이웃에 대한 편견이 때로 하나님의 뜻을 발견하지 못하

도록 막기도 합니다. 모든 편견을 내려놓고 하나님의 뜻이 무엇인지를 힘써 발견합시다. 하나님은 우리를 기드온처럼 부르실 수도 있고, 우리가 고넬료와 같은 자에게 복음을 전하도록 하실 수도 있습니다.

예레미야 19장은 깨진 옹기의 비유입니다. 하나님은 예레미야에게 토기장이의 집에서 옹기를 사서 힌놈의 아들의 골짜기로 가라고 말씀하십니다. 그곳에서 하나님께서 예루살렘에 재앙을 내리실 것을 예언하라고 말씀하십니다. 유다 왕과 예루살렘 주민이 힌놈의 아들의 골짜기에서 다른 신들을 섬겼기 때문입니다. 하나님은 유다와 예루살렘의 계획을 무너뜨려서 대적에게 그들을 던져 버리겠다고 선언하십니다. 그리고 옹기를 던져서 깨뜨린 후에 이렇게 말하라고 말씀하십니다. "사람이 토기장이의 그릇을 한 번 깨뜨리면 다시 완전하게 할 수 없나니 이와 같이 내가 이 백성과 이 성읍을 무너뜨리리니"(11절). 유다를 향한 심판을 돌이키지 않겠다고 선언하신 것입니다. 안타깝게도 죄가 가득 차 오른 유다에게 심판은 정해진 것이었습니다.

마가복음 5장은 소망과 빛이 되신 예수님에 관한 이야기입니다. 예수님은 절망과 어둠이 지배하는 곳에서 사람들을 소망과 빛으로 인도하여 내십니다. 무덤 사이에서 귀신에게 사로잡혀 사는 자를 구해 내십니다. 죽음에 사로잡혀 있는 딸과 그로 말미암아 절망 속에 넘어진 그녀의 아버지도 생명의 빛으로 인도하십니다. 열두 해 동안 혈루증을 앓으며 모든 것을 상실한 여인을 회복시키십니다. 예수님은 절망 속에 갇힌 자들의 소망이요 어둠을 더듬는 자들의 빛이십니다. 자기 죄에서 돌이켜 그리스도를 붙드는 자들에게는 항상 소망과 빛이 있을 것입니다.

7월 July 24

사사기7장 • 사도행전11장 • 예레미야20장 • 마가복음6장

사사기 7장은 미디안과의 전투에 승리하는 기드온을 보여 줍니다. 기드온과 그를 따르는 백성이 미디안 군과 맞섭니다. 이때 하나님께서 매우 독특한 명령을 주십니다. 삼만 이천 명이 너무 많다고 두려워하는 자들을 돌려보내라고 하신 것입니다. 만 명이 남습니다. 만 명도 많으니 이번에는 손으로 물을 떠서 먹는 자들만 남기라고 하십니다. 삼백 명이 남습니다. 삼백 명으로 이스라엘을 구원하시겠다고 선언하신 하나님은 나팔과 횃불을 넣은 항아리를 들고 출격하라고 명령하십니다. 기드온과 삼백 명의 군사는 하나님께서 시키신 그대로 했습니다. 나팔을 불고 항아리를 깨 불을 낸 이스라엘 때문에 미디안 군이 큰 혼란을 겪습니다. 결국 이스라엘이 대승을 거둡니다. 본문은 하나님의 능력을 보여주는 데 목적이 있습니다. 하나님은 의도적으로 가장 작은 숫자를 남기십니다. 하나님의 능력은 사람의 숫자와 능력에 달려 있지 않음을 가르치시기 위한 것입니다. 스스로 작고 약하다고 생각하는 자들이 하나님의 크고 강한 능력을 경험할 수 있습니다. 자신이 가지고 있는 것을 신뢰하지 말고 하나님만 신뢰합시다.

사도행전 11장은 이야기의 중심이 안디옥교회로 넘어가는 장면입니다. 베드로가 고넬료에게 세례를 주었다는 소식이 예루살렘까지 퍼졌습니다. 정통 유대인들은 무할례자의 집에 가서 함께 먹은 베드로를 비난했습니다. 베드로는 자기가 본 환상과 고넬료의 집안에 임하신 성령을 증언하며 이 모든 일이 하나님의 뜻임을 강조합니다. 너무나도 명확한 증언에 모두가 하나님께 영광을 돌리고 이방인에게도 생명 얻는 회개가 있음을 받아들입니다. 그리고 장면이 예루살렘교회에서 안디옥교회로 넘어갑니다. 온 유대와 사마리아까지 복음이 전파되었으니 이제는 땅 끝까지 이르는 이야기가 나올 차례인데, 그 중심에 안디옥교회가 있습니다. 안디옥교회 안에는 헬라파 유대인뿐만 아니라 헬라인들도 있었습니다. 여기에 사울이 함께합니다. 당시 로마 제국에 비하면 참 작은 공동체에 불과하지만 이제 이 공동체를 통해 로마 전역에 큰 소동이 일어날 것입니다. 하나님은 크기를 가지고 일하시지 않습니다.

예레미야 20장에는 고난당하는 예레미야가 나옵니다. 매일 심판을 예고하는 예레미야를 성전 총감독 바스훌이 붙잡습니다. 때리고 가둡니다. 그는 거짓 선지자로 바벨론에 끌려가 거기서 죽게 될 것입니다. 이 사건을 겪으며 예레미야는 실족합니다. 치욕과 모욕거리가 되었다고 하나님께 호소합니다. 얼마나 힘들었는지 차라리 태어나지 않았으면 좋았겠다고 말합니다.

마가복음 6장은 고향에서 배척당하시는 예수님을 말합니다. 우리 주 예수님도 진리를 말함으로 조롱과 모욕을 받으셨습니다. 예수님은 선지자 중의 선지자로 모든 선지자의 원형이십니다. 고향으로 가십니다. 안식일이 되어 회당에서 지혜와 권능으로 가르치십니다. 사람들이 놀랍니다. 그러나 그들은 예수님을 받아들이지 않습니다. 오히려 조롱을 하고 배척을 합니다. 예수님은 선지자가 자기 고향과 자기 친척과 자기 집에서는 존경을 받지 못한다고 말씀하시며 그들을 이상히 여기셨습니다. 하나님의 말씀을 전하고 그 말씀대로 살다 보면 종종 조롱과 모욕을 당할 때가 있습니다. 손해도 보고 희생도 해야 할 때가 있습니다. 그 고통이 우리 힘을 뛰어넘는 순간도 있습니다. 그러나 우리가 끝까지 말씀을 움켜잡을 수 있는 이유는 예수님께서 먼저 이 모든 조롱과 모욕을 당하셨기 때문입니다. 그분은 우리를 위해 조롱과 모욕의 절정, 바로 십자가를 지셨습니다. 우리도 우리 십자가를 지고 그리스도를 따릅시다.

7월 July 25

사사기8장 • 사도행전12장 • 예레미야21장 • 마가복음7장

사사기 8장은 기드온의 변질을 보여 줍니다. 기드온과 삼백 명의 군사는 미디안의 두 왕을 추격합니다. 그리고 끝내 세바와 살문나를 사로잡습니다. 그리고 돌아오는 중에 자신들을 박대하던 숙곳 사람들을 잔인하게 죽입니다. 대승을 거둔 기드온에게 백성들이 왕이 되어 달라고 부탁합니다. 기드온은 그것을 거절하지만 사실상 왕 행세를 합니다. 그는 미디안의 왕들이 하고 있었던 장식들을 차지하였고 백성들에게 금귀고리를 선물로 받았습니다. 백성들에게 선물을 받는다는 것은 일종의 충성 맹세를 받는 것이었습니다. 무엇보다 그는 왕처럼 수많은 첩을 두었고 70명의 아들을 낳았습니다. 왕족이 형성된 것입니다. 하나님께서 행하신 큰일을 놓고 자신이 부귀와 영광을 취해 버렸습니다. 기드온의 변질은 이스라엘의 타락상이 극을 향해 달리고 있음을 상징합니다. 사람들이 하나님을 왕으로 인정하지 않기 시작한 것입니다. 하나님께서 취하셔야 할 영광을 스스로 취하고 있다면 입으로 무슨 고백을 하고 있든지 사실상 그는 하나님의 자리를 차지하고 있는 것입니다.

사도행전 12장은 야고보의 순교와 베드로의 투옥에 관한 이야기입니다. 사도 중에 순교자가 나옵니다. 요한의 형제 야고보입니다. 야고보를 죽인 헤롯왕은 유대인들이 기뻐하는 것을 보고 베드로도 잡아서 감옥에 넣어 버립니다. 헤롯은 하나님을 두려워하는 사람이 아니라 자기 영광과 성공을 위해 사람들을 이용하는 사람이었습니다. 베드로가 감옥에 갇혀 있을 때 주의 사자가 와서 그를 구합니다. 세상의 권력자라 해도 하나님의 뜻이 아니면 머리털 하나도 건드릴 수가 없습니다. 이 세상을 다스리는 참된 왕은 하나님이십니다. 그러나 헤롯왕은 그렇게 생각하지 않았습니다. 하나님께서 맡기신 권력을 자기 멋대로 사용했고, 그것을 통해 얻은 영광과 성공을 모두 자기에게 돌렸습니다. 하나님은 헤롯왕을 치셔서 당신만이 참된 왕이라는 사실을 모두에게 알리십니다. 세상의 권력자들이 불법한 칼날을 휘두르는 중에도 우리가 하나님만 두려워할 수 있는 이유는 하나님만이 진정한 왕이시기 때문입니다.

예레미야 21장은 생명의 길과 사망의 길을 말합니다. 바벨론이 침입합니다. 시드기야왕이 예레미야에게 사람을 보내 여호와께 기도해 달라고 간청합니다. 예레미야는 싸우지 말고 항복하라고 합니다. 이것이 하나님의 말씀이라고 말합니다. "내가 너희 앞에 생명의 길과 사망의 길을 두었노라"(8절). 비록 항복이 수치스러운 일이기는 하지만 그것이 하나님의 말씀이니 순종하는 것이 생명의 길입니다.

마가복음 7장은 바리새인과의 논쟁입니다. 제자 몇 사람이 손을 씻지 않고 떡을 먹었다는 이유로 바리새인이 시비를 겁니다. 그들이 만든 정결법을 제자들이 지키지 않았다는 것입니다. 예수님은 그들이 하나님의 계명은 버리고 장로들의 전통은 지키고 있다고 지적하십니다. 이것이 위선자의 특징입니다. 하나님의 말씀을 그대로 지키는 것이 복입니다. 그러나 위선자는 하나님의 말씀을 지킨다는 명목으로 하나님의 말씀을 지키지 않습니다. 참 이상한 특징이지만 실제로 이런 사람들이 많습니다. 단순하고 간결한 믿음이 필요합니다. 하나님께서 말씀하셨으니 그것을 지키면 됩니다. 하나님의 생각이 생명의 길입니다. 스스로 하나님의 자리를 차지하지 않도록 주의해야 합니다.

7월 July 26

사사기9장 • 사도행전13장 • 예레미야22장 • 마가복음8장

사사기 9장은 아비멜렉이 중심이 된 이야기입니다. 드디어 왕이 등장합니다. 물론 가짜 왕입니다. 기드온의 아들 중에 아비멜렉은 야심가였습니다. 세겜 사람들을 선동하여 자기를 왕으로 추대하도록 하였습니다. 그 와중에 형제들을 모두 죽여 버립니다. 간신히 살아남은 요담이 가시나무 비유를 통해 경고를 합니다. 아니나 다를까 아비멜렉과 세겜 백성 사이가 틀어집니다. 둘은 전쟁을 벌입니다. 아비멜렉이 세겜 사람들을 잔인하게 죽입니다. 그러나 아비멜렉도 곧 죽임을 당합니다. 데베스와의 전쟁에서 한 여인이 던진 맷돌을 맞고 두개골이 깨져 버렸습니다. 아비멜렉 사건은 사사기의 분기점입니다. 하나님께서 인정하시지 않은, 곧 불법한 권력자가 처음으로 나온 이야기이기 때문입니다. 이스라엘의 타락상이 극에 달했음을 보여 줍니다. 타락의 정점에는 가짜 왕이 있습니다. 우리가 우리 인생의 왕이 되면 우리는 가짜 왕의 지배를 받게 되고, 그것은 우리가 타락했음을 보여 주는 증거가 됩니다. 진짜 왕을 섬깁시다. 우리 인생의 진짜 왕은 예수 그리스도이십니다.

사도행전 13장은 안디옥교회가 바나바와 사울을 선교사로 파송하는 장면입니다. 헬라 지역에 들어간 후 사울의 이름은 바울로 변경됩니다. 바울은 바보라는 섬에서 유대인 거짓 선지자를 만나는데 그가 복음 전도를 방해합니다. 바울이 성령 충만하여 그를 눈먼 자로 만들고 그것을 본 총독이 믿음을 갖게 됩니다. 비시디아 안디옥에서는 바울이 회당 설교를 합니다. 출애굽, 광야 생활, 가나안 전쟁, 사무엘 시대, 그리고 다윗 시대를 언급하며 하나님께서 약속하신 한 사람, 곧 그리스도 예수를 전합니다. 시편에서 예언한 것처럼 그리스도 예수께서 죽으시고 다시 살아나셨다고 전하자 많은 유대인이 계속해서 말씀을 듣고자 찾아왔습니다. 그러나 어떤 유대인

은 바울과 바나바를 비방합니다. 바울과 바나바는 하나님의 말씀을 유대인에게 먼저 전할 것이나 그들이 그것을 버린다면 이방인에게 전할 것이라고 말합니다. 이방인들이 기뻐하며 복음을 받아들입니다. 결국 유대인들이 선동하여 바울과 바나바를 쫓아내 버립니다. 복음의 대로에는 두 부류의 사람밖에 없습니다. 듣고 믿는 자와 듣고도 믿지 않는 자입니다. 듣고 믿는 자는 기쁨과 생명을 얻을 것이나 듣고도 믿지 않는 자는 어두운 곳에서 슬피 울게 될 것입니다.

예레미야 22장은 유다 왕들에 대한 심판 선언입니다. 하나님은 유다가 정의와 공의를 행하고 약한 자들을 돌보면 기회가 있을 것이라고 말씀하십니다. 그러나 그렇지 않을 때 그들은 멸망을 당할 것입니다. 이어서 유다 왕들의 운명을 말씀하십니다. 살룸왕은 잡혀간 곳에서 죽을 것입니다. 여호야김왕은 예루살렘 밖으로 끌려가서 매장될 것입니다. 고니야왕은 바벨론의 포로가 될 것입니다. 유다의 진정한 왕은 하나님이십니다. 하나님의 뜻대로 통치해야 할 왕들이 앞장서서 하나님을 배신하였으니 그들은 반드시 심판을 당할 것입니다.

마가복음 8장은 베드로의 고백이 중심입니다. 하나님 나라의 진짜 왕은 예수 그리스도이십니다. 그리스도야말로 하나님의 뜻대로 통치하시는 분입니다. 그분 안에는 평화와 풍요와 안식이 있습니다. 예수님은 굶주린 사천 명을 배불리 먹이셨습니다. 앞을 못 보는 자를 보게 하셨습니다. 그분은 베드로가 고백한 것처럼 그리스도이십니다. 그분은 하나님 나라를 십자가를 통해 성취하실 것입니다. 십자가는 세상의 방식으로는 이해할 수 없습니다. 그러나 하나님 나라의 방식은 십자가입니다. 그러므로 우리는 우리의 왕이 되신 그리스도를 따라 자기를 부인하고 자기 십자가를 져야 합니다. 하나님 나라는 이 땅의 목숨을 내놓을 만큼 참 좋은 곳입니다. 이 땅의 목숨을 내놓고 하나님 나라의 영원한 생명을 얻을 수 있다면 이보다 좋은 일이 어디에 있겠습니까? 평화와 풍요와 안식이 가득한 나라의 왕이 되신 그리스도를 따라갑시다.

7월 July 27

사사기10:1-11:11 • 사도행전14장 • 예레미야23장 • 마가복음9장

사사기 10장 1절에서 **11장 11절**은 입다가 중심이 된 이야기입니다. 기드온과 아비멜렉의 시대가 변질의 시대였다면 돌라와 야일의 시대는 평화의 시대였습니다. 이스라엘의 타락에도 불구하고 하나님께서 여전히 그들을 돌보심을 보여 주고 있습니다. 그러나 이 평화도 금세 끝나 버립니다. 하나님께서 세우시지 않은 사사가 등장했기 때문입니다. 이스라엘이 악을 행합니다. 하나님께서 암몬을 들어 징계하십니다. 이스라엘이 부르짖습니다. 원래는 하나님께서 사사를 세워 구원하셔야 하지만 이번 이야기는 그렇게 흘러가지 않습니다. 길르앗의 장로들이 소문난 건달 패거리의 대장 입다를 찾아가 구원을 요청합니다. 결국 입다가 사사가 됩니다. 그러나 입다가 길르앗의 머리와 장관이 되는 동안에 하나님은 한 번도 나타나지 않으십니다. 사사기의 패턴이 무너진 것입니다. 이스라엘의 타락이 깊어지고 있습니다. 아무리 급해도 하나님의 뜻이 아닌 길은 가지 않아야 합니다. 하나님께서 인도하시지 않은 길은 평탄해 보여도 망하는 길이기 때문입니다.

사도행전 14장은 이고니온과 루스드라에서 전도하는 이야기입니다. 비시디아 안디옥에서 쫓겨난 두 사도는 이고니온에 있는 회당에 들어가서 말씀을 전합니다. 많은 사람들이 믿습니다. 그러나 끝까지 받지 않는 유대인들도 많았습니다. 결국 그곳에서 쫓겨나게 된 두 사도는 루스드라로 가게 됩니다. 그곳에서 나면서부터 걷지 못하는 자를 일으키는데, 이것을 본 사람들이 제우스와 헤르메스의 현현이라며 두 사도를 경배합니다. 두 사도는 그들을 뜯어말리고 만물을 지으신 하나님을 전합니다. 그러나 여기

에서도 유대인들에게 쫓겨납니다. 두 사도는 왔던 길을 되짚으며 그리스도의 제자 된 사람들을 돌아보고 격려합니다. 본문은 길을 걷는 제자들의 모습이 어떠한지를 잘 보여 주고 있습니다. 두 사도는 평탄한 길을 찾지 않습니다. 성공할 길도 찾지 않습니다. 두 사도는 오직 복음의 길만을 걷습니다. 복음을 전하고 교회를 세울 수 있는 길만 걷습니다. 죽음의 위기가 닥쳐와도 두 사도는 두려워하지 않았습니다. 주의 뜻이 있는 길이기 때문입니다.

예레미야 23장은 그리스도에 관한 예언입니다. 하나님을 따르지 않는 왕들로 말미암아 백성들이 함께 파멸의 길로 들어설 것을 말씀하신 후에 하나님은 참된 왕을 소개하십니다. 그는 다윗의 후손입니다. 그가 왕이 되어 지혜롭게 다스리고 정의와 공의를 행할 것이며 유다는 구원을 받겠고 이스라엘은 평안히 살 것입니다. 하나님께서 진짜 왕을 일으키실 것입니다. 그러나 아직은 그때가 아닙니다. 여전히 거짓을 말하고 악한 길을 권면하는 선지자와 제사장들이 많습니다. 그들 탓에 백성들은 치욕과 수치를 당하게 될 것입니다.

마가복음 9장은 하나님 나라의 특징을 설명합니다. 하나님께서 일으키신 한 의로운 가지, 곧 다윗의 후손 예수님께서 영광의 육체로 변형되십니다. 부활을 미리 예고하시는 장면입니다. 십자가의 길이 고단하지만 그 뒤에는 부활의 영광이 있음을 제자들에게 가르치시고 계십니다. 제자들은 여전히 믿음이 부족했습니다. 귀신 들린 아이를 고치지 못했고 서로 누가 크냐를 놓고 싸웠습니다. 예수님은 하나님 나라에서는 첫째가 되려면 끝이 되어야 하고 섬기는 자가 되어야 한다고 가르치십니다. 하나님 나라의 방식은 이 세상의 방식과 다릅니다. 그래서 하나님 나라에 들어가려면 믿음이 필요한 것입니다.

7월 July 28

사사기11:12-40 • 사도행전15장 • 예레미야24장 • 마가복음10장

사사기 11장 12절에서 **40절**은 입다의 승리와 실패를 보여 줍니다. 입다는 탁월한 능력의 소유자였습니다. 그는 뛰어난 협상가요 용맹한 장군이었습니다. 암몬 왕에게 사자들을 보내서 이 사태를 말로 해결하려고 했습니다. 암몬 왕은 당연히 듣지 않았습니다. 전쟁이 벌어졌고 여호와의 영이 입다에게 임하여 이스라엘이 승리를 거두었습니다. 그러나 그 와중에 입다는 결정적인 실패를 합니다. 그는 하나님을 믿고 의지하는 자가 아니라 하나님을 이용하는 자였습니다. 승리를 위해 사람을 걸고 하나님께 서원을 한 것입니다. 사람을 제물로 사용하는 것은 하나님께서 금하신 일이었습니다. 놀랍게도 그를 처음 맞이한 사람은 그의 딸이었습니다. 입다가 얼마나 허망한 짓을 했는지 여실히 드러나는 장면입니다. 본문은 입다가 어떤 인물인지를 보여 줍니다. 그는 자신의 능력으로 이 사태를 해결하려 했고 그것을 위해 하나님마저 수단으로 활용했습니다. 그는 감히 하나님과 동등한 위치에서 거래를 하였습니다. 그에게 하나님은 하나님이 아니었습니다. 만약 우리가 하나님의 도움을 받기 원한다면 우리는 하나님과 거래하려 들어서는 안 됩니다. 그것은 하나님을 수단으로 이용하는 것입니다. 우리는 그저 하나님께서 긍휼히 여겨 주시기를 간절히 간구할 수 있을 뿐입니다. 하나님은 작고 약한 자를 돌보시는 분이지 스스로 크고 강하다 자부하는 자들과 거래하시는 분이 아닙니다.

사도행전 15장은 최초의 교회 회의를 보여 줍니다. 유대에서 온 사람들이 안디옥교회에서 할례를 받아야만 구원을 얻는다고 가르치자 바울과 바나바가 반박합니다. 이 문제는 결국 예루살렘까지 가게 됩니다. 많은 변론 끝에 베드로가 나섭니다. 베드로는 유대인들이 주 예수 그리스도의 은혜로 구원을 받듯이 이방인들도 동일하다고 말합니다. 바나바와 바울은 전

도 여행 중에 일어난 일들을 보고합니다. 야고보가 최종 선언을 합니다. 이방인 그리스도인에게 할례의 무거운 짐을 지우지 말되 우상의 더러운 것과 음행과 목매어 죽인 것과 피를 멀리하라고 결정합니다. 이 결정은 편지에 담겨 이방 교회에 전달됩니다. 바울과 바나바는 2차 전도 여행을 계획하던 중에 마가라 하는 요한 때문에 갈라서게 됩니다. 본문은 교회가 최초로 신학적인 합의를 이끌어 낸 감격적인 장면입니다. 유대인 교회와 이방인 교회가 갈라설 수도 있는 위기 속에서 하나 됨을 유지한 것입니다. 반면에 바울과 바나바는 크게 중요한 걸로 갈라섭니다. 교회는 하나 되었는데 관계는 하나 되지 못한 것입니다.

예레미야 24장에는 무화과 환상이 나옵니다. 하나님은 좋은 무화과가 있는 광주리와 나쁜 무화과가 있는 광주리를 보여 주시며 바벨론에 포로로 와 있는 백성들은 좋은 무화과요 예루살렘에 남아 있는 백성들은 나쁜 무화과라고 말씀하십니다. 바벨론 포로로 온 자들은 하나님께서 돌보실 것이지만 예루살렘에 남아 있는 자들은 조롱과 저주를 받게 하실 것이라고 말씀하십니다. 항복하는 것이 하나님의 뜻이었기 때문입니다. 하나님의 뜻은 우리 상황에서 모두 헤아릴 수 없습니다. 우리 상황에서는 나쁘게 보이는 일이 하나님 편에서는 복된 일일 수 있고 우리 상황에서는 좋게 보이는 일이 하나님 편에서는 악한 일일 수도 있습니다. 그러므로 우리는 하나님의 뜻을 헤아려 그 뜻대로 행하려고 애써야 합니다.

마가복음 10장은 하나님 나라에 관한 이야기입니다. 예수님은 부자 청년의 예를 들면서 하나님 나라는 오직 하나님으로 말미암아야만 들어갈 수 있다고 말씀하십니다. 사람의 행위나 자격이 중요하지 않습니다. 하나님께서 사람을 하나님 나라에 들어가게 만드십니다. 하나님의 뜻이 중요합니다. 우리가 판단하거나 통제할 수 없습니다. 야고보와 요한은 어리석게도 그것을 알지 못했습니다. 예수님은 그들에게 다시 한 번 하나님 나라의 전복적인 교훈을 말씀하십니다.

사사기 12장은 입다 이후의 시대로 연결됩니다. 에브라임 사람들이 입다에게 시비를 겁니다. 암몬과의 전쟁에 자신들을 빼놓았다는 이유였습니다. 그 목적이 정확히 무엇인지는 모르겠지만 사람을 잘못 골랐다는 것은 틀림없어 보입니다. 입다는 분노합니다. 용맹한 장군이요 지금 막 자기 손으로 딸을 죽인 입다에게 에브라임은 애초부터 상대가 되지 않았습니다. 입다는 에브라임을 몰아붙이고 도망가는 그들을 끝까지 추격하여 사만 이천 명을 죽여 버립니다. 이스라엘 안에서 벌어진 최초의 대량학살입니다. 열두 지파로 이루어진 이스라엘 공동체 자체가 무너지기 시작했음을 보여 줍니다. 피와 살이 튀기는 이야기 뒤에 세 명의 사사가 다스리는 평화로운 이야기가 나옵니다. 입산과 엘론과 압돈 이야기입니다. 그러나 앞서 나왔던 사사들과는 달리 이들은 왕과 같은 모습으로 묘사됩니다. 사사 이야기 전체가 왕의 등장과 관련되어 있음을 은근슬쩍 보여 주고 있는 것입니다.

사도행전 16장은 빌립보 사역 이야기입니다. 바울은 바나바와 갈라선 후 디모데와 함께 여행합니다. 성령께서 이끄시는 대로 마게도냐 지역의 첫 성 빌립보로 들어갑니다. 그곳에서 복음을 전할 때 루디아라는 여인이 믿습니다. 길에서 귀신 들린 여종 한 명을 고친 후 바울은 위기에 빠집니다. 귀신의 능력을 빌려 점을 치는 여종을 통해 돈을 벌던 주인들이 바울을 고발한 것입니다. 바울과 실라가 감옥에 갇힙니다. 한밤중에 큰 지진이 일어나서 옥문이 모두 열립니다. 놀란 간수가 자살을 하려고 합니다. 그때 바울이 그를 말립니다. 간수가 유명한 질문을 던집니다. "선생들이여 내가 어떻게 하여야 구원을 받으리이까"(30절). 마찬가지로 유명한 답변이 나옵니다. "주 예수를 믿으라 그리하면 너와 네 집이 구원을 받으리라"(31절). 바울은 자신이 로마 시민임을 밝히고 풀려납니다. 혼란할수록 더욱 본질에 충실해야 합니다. 귀신이 사람을 지배하고 돈이 사람을 장악한 도시에서 바울은 오로지 주 예수를 전합니다. 다른 방법을 사용하지 않습니다. 복음 전도라는 본질만 붙듭니다.

예레미야 25장은 칠십 년 포로 생활을 예언합니다. 하나님은 선지자들을 끊임없이 보내셔서 경고하셨습니다. 순종하지 않고 귀를 기울이지 않으면 심판을 받게 될 것이니 회개하고 돌아오라는 내용입니다. 그러나 그들은 말을 듣지 않았습니다. 결국 하나님은 당신께서 예언하신 대로 바벨론의 왕 느부갓네살을 통해 유다를 심판하셨습니다. 이제 그들은 칠십 년 동안 포로가 되어 바벨론의 왕을 섬겨야 합니다. 하지만 바벨론도 심판을 받을 것입니다. 또한 하나님의 백성을 괴롭힌 모든 나라도 심판을 받을 것입니다. 그들은 단지 하나님께서 당신의 백성을 징계하시기 위해 사용한 수단일 뿐입니다. 하나님만이 진정한 왕이 되십니다.

마가복음 11장은 예루살렘의 멸망을 말합니다. 예수님께서 예루살렘에 들어가십니다. 진짜 왕이 예루살렘에 오신 것입니다. 예수님은 예루살렘 성전에서 매매하는 자들을 쫓아내십니다. 성전은 만민이 기도하는 집이기 때문입니다. 그러나 당시 제사장들은 성전을 탐욕의 소굴로 만들어 버렸습니다. 진짜 왕이 오시면 가짜들은 모두 내쳐질 것입니다.

7월 July 30

사사기13장 • 사도행전17장 • 예레미야26장 • 마가복음12장

사사기 13장은 삼손의 출생 이야기입니다. 삼손 이야기가 이토록 길고 자세히 기록된 이유가 있습니다. 삼손이 이스라엘 자체를 보여 주기 때문입니다. 즉 이스라엘을 삼손이라는 사람으로 의인화한 것입니다. 삼손은 이스라엘처럼 기적적으로 출생합니다. 임신하지 못했던 여인이 출산합니다. 삼손은 이스라엘처럼 구별된 삶을 살도록 부르심을 입었습니다. 하나님께 바쳐진 나실인이 됩니다. 삼손은 이스라엘처럼 불신앙적이었습니다. 그리고 이스라엘이 다른 신을 섬겼던 것처럼 삼손도 다른 여인에게 끌려다녔습니다. 이스라엘처럼 고통을 당했고 또한 이스라엘처럼 소경이 되었습니다. 그리고 끝내 이스라엘처럼 징계를 당합니다. 본문에 등장하는 자세한 출생 이야기는 하나님께서 이스라엘을 어떻게 낳으셨는지를 상기시켜 줍니다.

사도행전 17장은 데살로니가와 베뢰아와 아덴에서의 전도 사역 이야기입니다. 바울은 데살로니가에 있는 유대인의 회당에서 세 안식일에 성경을 강론하며 그리스도를 전합니다. 많은 사람들이 믿지만 여전히 많은 유대인들이 적대합니다. 결국 바울과 실라는 베뢰아로 가게 됩니다. 베뢰아 사람들은 신중했습니다. 바울이 전한 말씀을 받고 정말 그러한가 하여 날마다 성경을 살폈습니다. 바울이 베뢰아에 있다는 소식을 듣고, 데살로니가의 유대인들이 찾아와 소동을 피웁니다. 바울만 그곳을 떠나 아덴으로 가게 됩니다. 우상이 가득한 아덴에서 바울은 날마다 사람들과 만나 변론합니다. 바울은 그들의 종교성에 호소하면서 만물을 지으신 하나님과 죽은 자를 다시 살리시는 하나님을 전합니다. 어떤 이는 조롱하고 어떤 이는 귀를 기울입니다. 복음으로 말미암아 소동이 곳곳에서 일어납니다. 복음은 예의와 윤리에 관한 규범이 아니라 생명과 죽음에 관한 소식입니다. 그

러므로 바른 복음이 전해지면 두 가지 반응이 크게 일어날 수밖에 없습니다. 생명의 소식을 들은 자들은 기쁨의 소동을 일으킬 것이고, 죽음의 소식을 들은 자들은 분노의 소동을 일으킬 것입니다. 복음은 사람의 마음과 삶을 크게 흔듭니다. 참된 복음은 그렇습니다.

예레미야 26장은 예레미야가 죽을 위기에 처하는 장면입니다. 하나님은 예레미야에게 성전 뜰에서 외칠 것을 명령하십니다. 회개하고 돌아오면 재앙을 내리려던 뜻을 돌이키시겠지만 말씀을 청종하지 않으면 세계 모든 민족의 저주거리가 되게 하실 것이라는 내용입니다. 제사장들과 선지자들과 백성들이 분노합니다. 예레미야를 붙잡아서 죽이려고 합니다. 한바탕 재판이 벌어집니다. 장로 중 몇 사람이 히스기야 시대에 일어났던 일을 예로 들며 예레미야 편을 듭니다. 아히감이라는 사람은 예레미야를 빼내어 그를 죽음에서 건져 냅니다. 예레미야를 향한 적대는 사실상 하나님의 말씀에 대한 적대이기도 합니다. 그들은 점점 더 하나님 말씀 듣기를 싫어하고 있습니다.

마가복음 12장은 포도원 비유가 중심입니다. 포도원 비유는 이스라엘 백성들이 선지자들을 어떻게 대했는지 잘 설명합니다. 포도원 주인이 농부들에게 소출을 받으려고 종을 보냅니다. 농부들이 종을 심히 때리고 그냥 보냅니다. 또 다른 종을 보냅니다. 이번에는 능욕합니다. 또 다른 종을 보냅니다. 이번에는 아예 그를 죽입니다. 아들을 보냅니다. 아들도 잡아 죽입니다. 결국 포도원 주인은 농부들을 진멸하고 포도원을 다른 사람들에게 줍니다. 구약에서부터 그리스도에 이르는 역사를 비유한 이야기입니다. 하나님은 이스라엘 백성들에게 신앙의 열매를 원했습니다. 그러나 이스라엘은 열매가 아닌 악행과 반역을 내놓았습니다. 하나님은 선지자들을 보내셔서 돌이켜 순종하라고 말씀하시지만 그때마다 이스라엘은 선지자들을 능욕하고 조롱했습니다. 마지막에는 하나님의 아들까지 죽였습니다. 결국 그들에게 주어질 것은 심판입니다. 듣고 돌이켜야 합니다. 듣고 믿어야 합니다. 듣고 순종해야 합니다.

7월 July 31

사사기14장 • 사도행전18장 • 예레미야27장 • 마가복음13장

사사기 14장은 블레셋 여인과 결혼한 삼손 이야기입니다. 삼손은 블레셋 여인과 결혼합니다. 수태 고지를 통해 태어났음에도 불구하고 삼손에게는 그 어떤 사명감이나 의무감이 없었습니다. 그저 보기에 좋은 대로 행했을 뿐입니다. 그러나 하나님은 사람의 실패를 통해서도 자신의 뜻을 이루십니다. 그 후 삼손은 이러저러하여 블레셋 사람들과 관계가 틀어집니다. 그때 여호와의 영이 삼손에게 임하여 그는 삼십 명의 블레셋 사람들을 죽입니다. 삼손의 행동은 기괴합니다. 전혀 신앙적이지 않습니다. 그런데 삼손을 통해 이스라엘을 괴롭히던 블레셋 사람들이 죽어 갑니다. 삼손은 자기도 모르게 사사 노릇을 하고 있습니다. 하나님의 은혜가 엉터리 같은 삼손을 사사 노릇하도록 만들고 있는 것입니다. 하나님의 은혜는 엉터리 인생도 값진 인생으로 만들어 갑니다.

사도행전 18장은 고린도에서의 사역이 중심입니다. 엉터리 인생을 살다가 하나님의 은혜로 값진 인생이 된 사람이 여기에 또 있습니다. 바울입니다. 바울이 고린도에 도착합니다. 아굴라와 브리스길라의 집에서 살면서 복음을 전합니다. 수많은 사람들이 예수님을 믿고 세례를 받습니다. 무려 일 년 육 개월 동안 그들 가운데 머물며 말씀을 가르칩니다. 바울을 미워하던 유대인들이 그를 총독에게 고발하는데, 총독은 이 일이 유대인과 그리스도인 사이에 벌어진 충돌임을 알고 내버려 둡니다. 바울은 일 년 육 개월이 지난 후에 에베소를 거쳐 안디옥으로 돌아옵니다. 바울의 전도 사역은 그의 위대함과 탁월함을 보여 주지 않습니다. 오히려 복음의 위대함과 탁월함을 보여 줍니다. 극렬한 반대자였던 바울을 열렬한 전도자로 바

꾼 복음이야말로 가장 위대하고 가장 탁월합니다. 우리가 주목할 것은 항상 사람이 아니라 복음입니다.

예레미야 27장은 바벨론 왕을 섬기라는 말씀입니다. 하나님은 예레미야에게 줄과 멍에를 목에 걸고 시드기야왕을 찾아가라고 말씀하십니다. 그가 전할 말은 바벨론 왕을 섬기라는 것이었습니다. 줄과 멍에를 목에 멘 것은 바벨론 왕의 멍에를 목에 메라는 의미입니다. 바벨론 왕을 섬기는 것이 하나님의 뜻이니 그 뜻을 따르면 살 것이요 그렇지 않으면 칼과 기근과 전염병에 죽을 것이라고 전합니다. 거짓 선지자들은 여전히 거짓말을 합니다. 바벨론이 가져간 성전의 기구가 돌아올 것이라는 거짓말입니다. 모든 것을 그저 좋은 쪽으로 예상하고 있는 것입니다. 분별이 필요합니다. 하나님의 말씀을 듣고 그것이 정말 그러한지 상고해야 합니다. 거짓 선지자는 그때도 많았지만 지금도 많습니다.

마가복음 13장은 마지막 날에 대한 예언입니다. 사람들은 항상 좋은 말만 듣고 싶어 하지만 성경에는 좋은 말만 있지 않습니다. 마지막 날을 예고하고 심판을 말합니다. 마지막 날은 반드시 옵니다. 그날에는 심판이 있습니다. 그날이 가까워질수록 미혹이 많아집니다. 거짓 선지자가 많이 나타납니다. 그러므로 깨어 있어야 합니다. 마지막 날을 대비해야 합니다. 그것이 주의 뜻입니다.

August

/

8월

8월 August 01

사사기15장 • 사도행전19장 • 예레미야28장 • 마가복음14장

사사기 15장은 삼손과 블레셋의 전쟁을 보여 줍니다. 삼손은 장인이 아내를 다른 남자에게 준 사실을 모른 채 아내에게 줄 선물을 들고 찾아갑니다. 장인은 당황하며 변명하지만 이미 화가 난 삼손은 복수를 합니다. 꼬리에 불을 붙인 여우 삼백 마리로 곡식을 모두 태워 버린 것입니다. 자초지종을 알게 된 블레셋 사람들이 장인과 아내를 불에 태워 죽입니다. 분노한 삼손이 그들을 죽입니다. 블레셋 사람들이 복수를 하고자 유다 사람들을 괴롭힙니다. 당시 유다는 블레셋의 지배를 받고 있었기에 유다 사람들은 직접 삼손을 찾아서 결박한 후 블레셋 사람들에게 보냅니다. 그때 여호와의 영이 임하며 결박이 풀어지고 삼손은 블레셋 사람들을 마구 죽입니다. 삼손은 이상한 사사입니다. 사사들은 이방인의 손에서 이스라엘을 구원하였지만 삼손 시대에는 블레셋의 지배에서 벗어나지 못했습니다. 본문은 삼손이 사사로 지내는 동안 '평안을 누렸다'는 말을 빼 버립니다. 이스라엘이 심각하게 망가진 것입니다. 망가진 이스라엘을 회복할 누군가가 필요합니다.

사도행전 19장은 바울의 에베소 사역 이야기입니다. 바울이 에베소에 있는 회당에 들어가 석 달 동안 하나님 나라에 관하여 강론합니다. 그러다가 마음이 굳은 자들의 비방을 받고 두란노 서원으로 옮겨 두 해 동안 날마다 강론합니다. 그 기간 동안 능력과 기적이 많이 일어납니다. 본문은 "주의 말씀이 힘이 있어 흥왕하여 세력을 얻으니라"(20절)라고 말합니다. 말씀 사역은 힘이 있습니다. 말씀 자체에 능력이 있기 때문입니다. 그러나 좋은 일만 있었던 것은 아닙니다. 복음 전파로 말미암아 우상과 관련된 일을 하던 사람들이 타격을 입습니다. 그들의 선동 때문에 바울을 비롯한 그리스도인들이 위기에 처합니다. 다행히 서기장의 만류로 소동이 잦아듭니다. 복음이 진정 사람의 삶 속으로 들어가면 사회가 진동합니다. 사회가

추구하던 우상들이 무너지기 때문입니다. 우리의 삶이 우리가 살아가고 있는 곳을 소란케 하고 있습니까? 아니면 우리가 사는 세상이 우리의 삶을 소란케 하고 있습니까?

예레미야 28장은 거짓 선지자 하나냐와 참 선지자 예레미야가 대립하는 장면입니다. 거짓 선지자 하나냐는 여호와께서 바벨론 왕의 멍에를 꺾으셨다고 선언합니다. 그리고 느부갓네살왕이 가져간 성전의 모든 기구가 다시 이곳으로 돌아올 것이라고 말합니다. 백성들이 듣기 좋은 거짓말을 하고 있는 것입니다. 반면에 예레미야는 자신도 그렇게 되기를 원하지만 그것은 하나님의 말씀이 아니라고 말합니다. 거짓 선지자 하나냐가 예레미야 목에 있던 나무 멍에를 빼앗아 꺾어 버립니다. 하나님은 예레미야에게 쇠 멍에를 준비해서 목에 메고 다시 한 번 바벨론 왕을 섬기게 될 것이라는 예언을 하게 하십니다. 거짓 선지자 하나냐는 예레미야의 예언대로 그해에 죽게 됩니다. 거짓 선지자의 특징은 항상 듣기에 좋은 말만 한다는 것입니다. 하나님의 말씀이 아닌 것을 들고서 하나님의 말씀인 척 왜곡합니다. 그러나 참 선지자는 하나님의 말씀을 있는 그대로 전합니다. 듣기 거북한 말씀조차 가감하지 않고 전합니다. 그러므로 듣는 자들은 자기 기분에 따라 말씀을 선택하지 말고 말씀을 있는 그대로 받아야 합니다.

마가복음 14장은 예수님께서 십자가에 달리시기 전까지의 이야기들입니다. 예수님께서 죽음을 준비하십니다. 한 여인이 부은 향유를 받으십니다. 제자들과 함께 유월절 만찬을 잡수십니다. 겟세마네에서 기도하십니다. 잡히시고 재판을 받으십니다. 인간적인 관점에서 볼 때, 참 초라한 장면들입니다. 어떤 의미에서는 고개를 돌리고 외면하고 싶은 장면입니다. 기분 좋은 사건이 아닙니다. 그러나 이 초라하고 외면하고 싶으며 기분을 안 좋게 만드는 일들이 죄인들에게 소망을 주는 사건이 됩니다. 복음, 곧 좋은 소식은 나쁜 소식 속에서 전해집니다. 말씀에는 능력이 있습니다. 그러므로 말씀을 가감하지 말고 있는 그대로 들읍시다. 모든 말씀은 우리의 소망입니다.

사사기16장 • 사도행전20장 • 예레미야29장 • 마가복음15장

사사기 16장은 삼손의 죽음을 말합니다. 타락한 사사 삼손의 몰락이 가속화됩니다. 소렉 골짜기의 들릴라라 하는 이름의 여인을 사랑하게 됩니다. 그녀는 삼손을 돈을 받고 팔아넘기기로 작정합니다. 삼손은 자기 힘의 비밀이 하나님의 나실인으로서 머리털에 삭도를 대지 않았기 때문이라고 말해 버립니다. 하나님께서 자기 힘의 근원이심을 알면서도 하나님을 의지하지 않는 모순적인 행태를 보여 주고 있는 것입니다. 마치 이스라엘 백성과 같은 모습입니다. 결국 삼손은 블레셋 사람들에게 눈이 뽑힌 채 맷돌을 돌리는 신세가 됩니다. 그러나 삼손의 실패가 하나님의 실패는 아니었습니다. 삼손을 마음껏 조롱하기 위해 블레셋 사람들이 모입니다. 그때 삼손에게 힘이 돌아왔고 삼손은 기둥을 무너뜨려서 수많은 블레셋 사람들을 죽입니다. 삼손은 타락한 이스라엘입니다. 하나님을 의지하면 승승장구할 수 있음에도 불구하고 자꾸만 다른 신을 사랑하는 이스라엘과 같습니다. 자기가 사랑한 다른 신에게 고통을 받으면서도 간음을 멈출 줄 모르는 이스라엘과 같다는 것입니다. 그러나 하나님은 그런 이스라엘을 포기하지 않으십니다. 하나님은 당신의 백성을 끝까지 돌보십니다.

사도행전 20장에는 바울의 고별 설교가 나옵니다. 바울은 에베소에서 한바탕 소동을 겪은 후 여러 지방을 다니며 말씀을 전합니다. 그리고 예루살렘으로 가기 전에 에베소교회의 장로들을 밀레도로 청합니다. 바울은 이들을 다시는 못 보리라 짐작하고 있습니다. 바울은 자신이 어떤 심정으로 복음을 전했는지 말합니다. 자신의 생명도 귀하게 여기지 않고 오직 주께서 주신 복음을 증언하였다고 말하며 그들에게 교회를 부탁합니다. 자기 자신을 잘 단속하고 거짓 교사가 교회에서 성도들을 빼내지 못하도록 돌보라고 말합니다. "지금 내가 여러분을 주와 및 그 은혜의 말씀에 부탁

하노니 그 말씀이 여러분을 든든히 세우사 거룩하게 하심을 입은 모든 자 가운데 기업이 있게 하시리라"(32절). 본문은 바울이 교회를 얼마나 사랑하는지 잘 보여 줍니다. 바울이 교회를 사랑하는 이유는 "하나님이 자기 피로 사신 교회"(28절)이기 때문입니다. 교회를 사랑합시다. 이런저런 이유로 수없이 흠집 난 교회이지만 그래도 교회를 사랑합시다. 하나님께서 당신의 피로 사신 교회를 눈물로 돌봅시다.

예레미야 29장은 예레미야의 편지입니다. 예레미야는 바벨론 포로로 끌려간 이들에게 편지를 보냅니다. 편지 내용은 이것입니다. "너희는 집을 짓고 거기에 살며 텃밭을 만들고 그 열매를 먹으라"(5절). 예레미야가 이와 같은 편지를 보낸 이유는 그것이 하나님의 뜻이기 때문입니다. 하나님은 이스라엘을 징계하시기로 결정하셨고 그 기간을 칠십 년으로 잡으셨습니다. 그러므로 이스라엘이 지금 할 수 있는 올바른 반응은 하나님의 징계를 받아들이는 것뿐입니다. 거짓 선지자들은 온갖 미혹과 선동으로 바벨론에서 벗어나자고 말하겠지만 그것에 넘어가서는 안 됩니다. 비록 지금은 포로지만 하나님은 반드시 구원해 주실 것입니다. 당신의 백성을 향한 하나님의 생각은 재앙이 아니라 평안입니다(11절). 하나님의 뜻을 분별하는 것이 참 중요합니다. 하나님의 생각은 항상 평안을 주기 때문입니다.

마가복음 15장은 예수님의 죽으심을 말합니다. 예수님께서 빌라도의 법정에 서십니다. 이 세상의 참된 재판관이 죄인으로 법정에 서 있는 모순적인 상황을 상상해 보십시오. 예수님께서 십자가 위에서 조롱을 당하십니다. 만군의 주께서 한낱 피조물에게 조롱당하시는 장면도 상상해 보십시오. 예수님께서 죽으시고 무덤에 갇히십니다. 생명을 창조하신 생명의 주께서 죽음 아래에 놓인 사건을 상상해 보십시오. 도대체 예수님께서 왜 그와 같은 일을 당하셔야만 합니까? 우리 때문입니다. 우리가 서야 할 법정을, 우리가 당해야 할 조롱을, 우리가 당해야 할 죽음을 예수님께서 대신하셨습니다. 이 예수님을 믿지 않고 누구를 믿을 수 있겠습니까?

8월 August **03** 사사기17장 • 사도행전21장 • 예레미야30-31장 • 마가복음16장

사사기 17장은 당시 이스라엘의 종교적 타락을 적나라하게 보여 줍니다. 미가는 여호와 신앙의 형식을 갖춘 우상 숭배자입니다. 그는 어머니의 돈을 훔칠 만큼 돈을 사랑했습니다. 어머니 입에서 저주가 나오자 그는 돈을 돌려주었고 어머니는 저주를 돌리는 주술을 말합니다. 여호와라는 이름을 주고받는 것으로 볼 때 그들은 외형적으로 여호와 신앙을 갖고 있었습니다. 그러나 속내는 전형적인 우상 숭배자였습니다. 한 예로 그들은 집안에 우상을 만들었습니다. 그리고 떠돌아다니는 레위 청년 한 명을 데려다가 집안의 제사장으로 세웠습니다. 레위인이어도 아론의 자손이 아니면 제사장을 할 수 없었지만 그들에게 그것은 중요하지 않았습니다. 엉망진창이 된 것입니다. 신앙의 껍데기는 남아 있었지만 사실상 죽은 것과 다를 바가 없습니다. 당시 사람들은 믿고 의지하고 따를 만한 무엇인가를 더 이상 필요로 하지 않았습니다. 오직 자기 자신의 욕망과 기준을 따라 살았습니다. "그때에는 이스라엘에 왕이 없었으므로 사람마다 자기 소견에 옳은 대로 행하였더라"(6절).

사도행전 21장은 예루살렘에서 붙잡히는 바울에 관한 이야기입니다. 바울은 예루살렘으로 가는 중에 환난이 기다리고 있다는 경고를 여러 번 들습니다. 그러나 바울은 담대히 예루살렘행을 택합니다. 아니나 다를까, 예루살렘에 도착한 후 그를 미워하는 유대인들에게 잡힙니다. 죽임 당할 위기에 처했을 때 로마의 천부장이 와서 그를 구출합니다. 바울은 자기의 안위를 중요하게 여기지 않았습니다. 그가 가장 중요하게 여긴 것은 주 예수의 이름입니다. 주 예수의 이름이 전해지고 높아지는 것, 그것이 바울의

소원이었습니다. 바울은 자기 소견에 옳은 대로 행하는 자가 아니라 주의 뜻대로 행하는 자였습니다. 껍데기만 남은 미가의 엉망진창 신앙이 아니라 주 예수의 이름만 알리고자 했던 바울의 경건한 신앙을 본받읍시다.

예레미야 30장과 **예레미야 31장**은 다시 예루살렘으로 돌아오게 하시겠다는 하나님의 약속입니다. 반역의 대가는 컸습니다. 철저한 패망입니다. 그러나 하나님의 은혜는 끝이 없습니다. 잠시 징계를 하셨지만 하나님은 곧 회복을 준비하십니다. 멍에를 꺾으시고 포박을 끊으실 것입니다. 반드시 구원하실 것입니다. "나의 종 야곱아 너는 두려워하지 말라 이스라엘아 놀라지 말라 내가 너를 먼 곳으로부터 구원하고 네 자손을 잡혀가 있는 땅에서 구원하리니"(10절). 죄를 향한 하나님의 진노는 한결같습니다. 그러나 이방인에게는 심판을, 당신의 백성에게는 징계를 하십니다. 당신의 백성은 영원히 심판하지 않으시고 반드시 고치신다는 것입니다. 특히, 본문은 새 언약을 말합니다. 새 언약은 깨지지 않는 언약입니다. 하나님의 법이 마음에 새겨지는 언약입니다. 하나님은 당신의 백성을 향한 큰 계획을 갖고 일하십니다.

마가복음 16장은 예수 그리스도의 부활을 말합니다. 하나님께서 예레미야를 통해 말씀하신 새 언약은 그리스도 안에서 완성되었습니다. 그분께서 죽으시고 살아나심으로 완성되었습니다. 그리스도는 새 언약의 보증이십니다. 결코 깨지지 않는 언약 관계가 그리스도 안에서 맺어지게 됩니다. 이것이 복음입니다. 예수님은 이 복음을 만민에게 전하라고 명하십니다. 우리의 종교는 어떤 것도 보장할 수 없습니다. 그러나 그리스도의 복음은 생명과 평안과 풍요를 보장합니다. 그리스도의 복음을 전합시다.

8월 August **04**

사사기18장 • 사도행전22장 • 예레미야32장 • 시편1-2편

사사기 18장은 단 지파의 횡포를 보여 줍니다. 약육강식의 시대가 찾아왔습니다. 단 자손의 정탐꾼들이 미가의 집에 왔다가 신상과 제사장을 목격합니다. 그리고 라이스 지방을 정복하기 전에 그 신상과 제사장을 빼앗아 갑니다. 논리나 근거가 없습니다. 그저 힘으로 빼앗았습니다. 단 자손이 자기보다 강한 것을 보고 미가도 어쩔 수가 없었습니다. 단 자손은 라이스 지방을 정복한 후 자기들을 위해 또 신상을 만들고 제사장을 세웁니다. 말 그대로 자기 소견에 옳은 대로 행한 것입니다. 악한 시대에는 욕망이 모든 것을 대체합니다. 원하면 무엇이든 할 수 있습니다. 무엇이든 할 수 있는 힘만 갖추면 됩니다. 따를 만한 권위도 없고 의지할 만한 절대자도 없습니다. 지켜야 하는 법도 없습니다. 사사 시대가 그것을 잘 보여 주고 있습니다.

사도행전 22장은 바울의 간증입니다. 사사 시대에 자기 소견에 옳은 대로 행하는 사람들이 가득했다면, 지금 여기에는 하나님의 복음에 사로잡혀 말하는 한 사람이 있습니다. 사도 바울입니다. 원래 그도 자기 소견에 옳은 대로 행했었습니다. 그러나 다메섹으로 가는 중에 예수 그리스도를 만나 인생이 완전히 뒤집어졌습니다. 바울은 천부장에게 변호할 기회를 얻어서 사람들에게 복음을 전하고 있습니다. 복음에 사로잡힌 사람들은 자기를 주장하지 않습니다. 자기 욕망에 충실하지도 않습니다. 복음에 사로잡힌 사람은 바울과 같이 언제 어디서든 복음을 전합니다. 주 예수의 이름을 전할 기회만 노립니다. 그러나 유대인들은 듣고 싶어 하지 않았습니다. 바울은 자신이 로마의 시민임을 알립니다. 그리고 공회 앞에 서게 됩니다.

예레미야 32장은 하나님의 영원한 언약을 말합니다. 바벨론 왕 느부갓네살이 예루살렘을 에워쌉니다. 당시 예레미야는 성전 뜰에 갇혀 있었습니다. 그때 하나님은 하나멜의 아나돗에 있는 밭을 사라고 말씀하십니다. 이것은 일종의 상징입니다. 하나님은 이 땅을 다시 사고파는 때가 올 것이라고 약속하십니다. 징계는 정해졌지만 회복도 정해졌습니다. 흩어진 백성들을 돌아오게 하실 것이고 그들이 안전하게 살게 하실 것입니다. "그들은 내 백성이 되겠고 나는 그들의 하나님이 될 것이며"(38절), "내가 기쁨으로 그들에게 복을 주되 분명히 나의 마음과 정성을 다하여 그들을 이 땅에 심으리라"(41절). 하나님은 큰 재앙을 내리신 것과 같이 반드시 허락한 모든 복도 주실 것입니다. 하나님은 당신의 말씀에 신실하십니다. 그분의 말씀을 믿어야 하는 이유입니다.

시편 1편은 말씀이 복 있는 사람의 기준이라고 말합니다. 하나님은 당신의 말씀에 신실하십니다. 그러므로 하나님의 말씀은 항상 이루어집니다. 믿음이 있는 사람은 자기 삶을 하나님 말씀에 맞춥니다. 그럴 때 복을 얻고 형통하게 됨을 믿기 때문입니다. 반면에 악인은 그렇지 않습니다. 그는 오만합니다. 자기 소견에 옳은 대로 행합니다. 그래서 이리 갔다 저리 갔다 합니다. 바람에 나는 겨와 같습니다. 결국 망합니다. **시편 2편**은 하나님의 주권을 설명합니다. 하나님을 인정하지 않는 자들, 곧 자기 소견에 옳은 대로 행하는 자들은 하나님을 무시합니다. 하나님 없이 무엇이든 할 수 있다고 믿습니다. 그러나 이것은 무서운 착각입니다. 하나님은 모든 것을 당신의 뜻대로 행하십니다. 그분은 당신의 뜻을 따라 국가를 흥하게도 하시고 망하게도 하십니다. 그러므로 여호와를 경외해야 합니다. 하나님 앞에서 자신을 낮추고 그분의 지혜와 교훈을 받들어야 합니다. 그것이 복됩니다.

8월 August 05

사사기19장 • 사도행전23장 • 예레미야33장 • 시편3-4편

사사기 19장은 당시 이스라엘의 도덕적 타락을 잘 보여 줍니다. 레위 사람이 행음하고 떠난 첩을 찾아 베들레헴에 갑니다. 첩을 찾아 돌아가는 중에 기브아에서 한 노인의 집에 유숙합니다. 그때 마을의 불량배들이 쳐들어 와서 레위 사람을 성폭행하려고 합니다. 결국 레위 사람을 대신하여 첩이 밤새 성폭행을 당합니다. 첩은 죽고 분노한 레위 사람은 첩의 몸을 열두 덩이로 나누어 이스라엘 사방에 두루 보냅니다. 이 엽기적인 사건은 이스라엘 사회가 도덕적으로 완전히 타락했음을 말해 줍니다. 동성 강간이 시도되었고 집단 윤간이 일어났습니다. 나그네는 대접을 받지 못했고 딸을 강간범들에게 내주었습니다. 도덕적인 가치관이 완전히 깨진 상태입니다. 왕이 없는 시대, 곧 참된 권위를 상실한 시대는 이와 같습니다.

사도행전 23장은 여러 차례 심문을 받는 바울의 이야기입니다. 공회 앞에 선 바울은 여전히 담대합니다. 공회에는 일대 소동이 일어납니다. 바울이 바리새인임을 알고 바리새파와 사두개파 사이에 다툼이 생긴 것입니다. 결국 유대인들은 바울을 죽일 계획을 세웁니다. 이 계획은 천부장에게 전달되고 천부장은 로마의 시민인 바울을 보호합니다. 그리고 벨릭스 총독에게 보냅니다. 이 혼란스러운 상황에서 가장 확실한 것이 하나 있습니다. 하나님의 말씀입니다. "담대하라 네가 예루살렘에서 나의 일을 증언한 것같이 로마에서도 증언하여야 하리라"(11절). 이 모든 혼란은 하나님께서 이끄시는 역사 가운데 있습니다. 하나님은 이 과정을 통해 바울을 로마의 전도자로 세우려고 계획하고 계십니다. 그러므로 바울은 두려워할 필요가 없습니다. 그 어떤 혼란도 우리를 두렵게 만들 수 없는 이유가 바로

여기에 있습니다. 하나님께서 역사와 인생을 지도하시기 때문입니다. 하나님은 항상 복된 계획을 갖고 일하십니다. 그러므로 혼란 앞에서 두려워하지 말고 하나님의 뜻을 찾으시기 바랍니다.

예레미야 33장은 한 번 더 회복을 약속하시는 하나님에 관한 이야기입니다. 바울이 그러했던 것처럼 예레미야도 혼란 속에 있었습니다. 성 밖에는 바벨론 군대가 있습니다. 성 안에는 적대하는 세력이 가득합니다. 그러나 이 혼란도 하나님께서 만들어 가시는 계획 가운데 있습니다. 하나님은 "일을 행하시는 여호와, 그것을 만들며 성취하시는 여호와"(2절)이십니다. 그 하나님께서 지금의 징계를 만드셨고 앞으로의 회복을 만드실 것입니다. 불길한 말씀도 이루어졌으니 선한 말씀도 이루어질 것입니다. 혼란 속에 있다면 말씀을 더욱 굳건히 붙잡아야 합니다. 일을 만들고 성취하시는 하나님을 그 혼란 속에서 보게 될 것입니다.

시편 3편과 **시편 4편**은 혼란한 상황 속에서 하나님을 의지하는 다윗의 노래입니다. 다윗은 곤란 중에 빠졌습니다. 모든 사람이 자신을 적대하는 것처럼 느껴질 만큼 고통을 당하고 있었습니다. 그의 마음이 무너져 내렸습니다. 그러나 다윗은 하나님을 봅니다. 하나님을 보자 소망이 일어나고 용기가 생깁니다. 하나님은 그의 방패요 영광이요 구원이 되시기 때문입니다. 하나님이야말로 모든 것을 주관하십니다. 그 어떤 상황도 하나님을 뛰어넘을 수 없습니다. 하나님을 향해 마음을 세우십시오. 죽었던 마음이 살아날 것입니다.

8월 August 06

사사기20장 • 사도행전24장 • 예레미야34장 • 시편5-6편

사사기 20장은 난폭한 전쟁을 말합니다. 엽기적인 사건이 이스라엘 전역에 전해집니다. 이스라엘이 충격을 받습니다. 나머지 지파는 군대를 모아서 전쟁을 준비합니다. 먼저 나머지 지파가 베냐민 지파에게 불량배들을 내놓으라고 했지만, 기브아가 속해 있는 베냐민 지파는 오히려 전쟁을 준비합니다. 초반 전투는 베냐민이 승리합니다. 그제서야 이스라엘 자손이 하나님께 제사를 드리고 묻습니다. 승리에 대한 예언을 들은 이스라엘은 베냐민 지파와 다시 싸웁니다. 승리를 거둔 이스라엘은 그동안의 분풀이를 하듯이 닥치는 대로 죽여 버립니다. 레위 사람의 첩을 윤간하고 죽인 사건에 분노했던 그들이 그때 그 불량배보다 더 잔혹한 짓을 하고 있는 것입니다. 이웃 사랑의 율법이 완전히 깨져 버린 이스라엘의 상태를 보여 줍니다.

사도행전 24장은 재판을 받는 바울의 이야기입니다. 재판이 열렸습니다. 대제사장들과 장로들이 바울을 고발합니다. 변호사 더둘로가 대표로 바울은 전염병 같은 자요 소요케 하는 자라고 말합니다. 바울이 직접 자기 자신을 변호합니다. 그는 자신이 소동을 벌인 적도 없고 그저 죽은 자의 부활에 대하여 외치기만 했을 따름이라고 말합니다. 이 고발이 종교 간의 문제임을 부각시키고 있는 것입니다. 총독 벨릭스는 바울에게 죄가 없음을 알고 있었지만 유대인의 마음도 얻어야 했기에 그를 구류시켰습니다. 우리는 바울에게서 많은 것을 본받을 수 있습니다. 그가 가지고 있는 신학적인 지식뿐만 아니라 담대한 용기도 본받아야 합니다. 무엇보다 어떤 상황에서도 복음을 전하고자 하는 열정을 본받아야 합니다. 복음은 상황에

의지하지 않습니다. 오히려 복음은 상황을 초월합니다. 바울의 모습에서 우리가 얻을 수 있는 교훈입니다.

예레미야 34장에는 약속을 깨는 시드기야왕이 나옵니다. 하나님은 시드기야왕에게 자비를 베푸십니다. 그가 여호와의 말씀을 들으면 평안히 죽을 것이라고 약속해 주십니다. 그러나 시드기야왕은 하나님 앞에서 맺은 계약을 깨뜨립니다. 그 계약은 안식년에 히브리 노비들을 자유롭게 해 주는 것입니다. 하나님은 형제와 이웃에게 자유를 주지 않고 험악하게 대한 그들에게 심판을 선고하십니다. 형제를 사랑하고 이웃을 섬기는 것은 하나님께서 기뻐하시는 일입니다. 하나님의 율법에 담겨 있는 정신이기도 합니다. 시대가 어두울수록 이 정신은 깨져 갑니다. 사사 시대처럼 형제를 향해 잔혹한 짓을 벌입니다. 형제와 이웃을 험악하게 대하는 사람은 하나님께 긍휼을 얻을 수 없습니다.

시편 5편과 **시편 6편**은 도움을 구하는 기도입니다. 다윗이 하나님께 도움을 구할 수 있는 이유는 하나님께서 참으로 사랑이 많으시기 때문입니다. 시편 5편에서 다윗은 오만하고 거짓말하며 악한 자들이 심판받기를 간구합니다. 그리고 주께 피하는 자들은 복을 받기를 간구합니다. 하나님은 의인에게 복을 주시고 방패로 하는 것같이 은혜로 그를 호위하십니다. 시편 6편에서 다윗은 심각한 슬픔에 빠져 있습니다. 얼마나 슬픈지 눈물로 침상을 띄울 만큼 울었다고 합니다. 그러나 곧 하나님께서 기도를 들으셨다는 확신을 갖습니다. 기도합시다. 하나님은 고통을 당하는 자와 슬픈 자의 간구를 꼭 들어주십니다.

8월 August 07

사사기21장 • 사도행전25장 • 예레미야35장 • 시편7-8편

사사기 21장은 왕이 없는 이스라엘의 사회적 상황을 보여 줍니다. 베냐민과의 전쟁에서 이성을 잃고 잔혹한 학살을 즐겼던 이스라엘이 정신을 차립니다. 열두 지파 중에 한 지파가 사라질 위기에 처한 것입니다. 결국 그들은 두 가지 방법을 동원합니다. 첫째, 전쟁에 참여하지 않은 길르앗 야베스를 치고 여자를 납치하여 베냐민 사람에게 줍니다. 둘째, 베냐민 사람들에게 실로에 춤추러 온 여인들을 납치해서 아내로 삼으라고 합니다. 어처구니없는 상황입니다. 불량배들의 잔인한 행동에 분노했던 그들이 불량배보다 더 나쁜 짓을 저지르고 있습니다. 도덕적인 가치관도 없고 이웃 사랑의 정신도 완전히 실종된 시대입니다. "그때에 이스라엘에 왕이 없으므로 사람이 각기 자기의 소견에 옳은 대로 행하였더라"(25절). 무엇이 옳은지 모르는 시대는 사실 모든 것이 옳다고 말하는 시대이기도 합니다. 그래서 무엇이든지 합니다. 무엇이든지 해도 되는 이 시대에 오직 주께서 원하시는 것만 하는 성도가 되시기를 바랍니다.

사도행전 25장은 다시 재판을 받는 바울의 이야기입니다. 새로운 총독 베스도가 옵니다. 대제사장 등이 다시 고발합니다. 같은 일이 반복됩니다. 대제사장 등은 증거를 대지 못하고 바울은 훌륭히 변호해 냅니다. 또한 로마 시민의 신분을 이용하여 가이사에게 상소합니다. 사건의 방향이 이제 로마 쪽을 향합니다. 아그립바 왕이 찾아오는데, 그는 가이사와 친분이 있습니다. 총독 베스도는 그의 조언을 얻고자 합니다. 베스도와 아그립바가 있는 중에 바울이 다시 변호할 기회를 얻습니다. 복잡하게 엉킨 상황이었지만 모든 것은 하나님께서 뜻하신 대로 움직이고 있습니다. 점점 더 로마가 가까워지고 있습니다. 하나님은 당신의 뜻을 꼭 성취하십니다.

예레미야 35장에는 레갑 사람들 이야기가 나옵니다. 하나님은 레갑 사람들과 이스라엘 백성들을 대조하십니다. 하나님은 예레미야를 통해 레갑 사람들에게 포도주를 마시라고 권하십니다. 하지만 레갑 사람들은 선조 요나답의 명령대로 끝까지 포도주를 마시지 않습니다. 하나님은 레갑 사람들을 칭찬하시고 그들이 영원히 당신 앞에 서게 될 것이라고 말씀하십니다. 이스라엘 사람들과는 참 다릅니다. 그들은 하나님께서 말씀하셔도 듣지 아니하고 부르셔도 대답하지 아니하였습니다. 하나님의 말씀에 끝까지 순종하지 않았습니다. 자기 소견에 옳은 대로 행하였습니다. 하나님께 반응하는 것이 복입니다. 하나님께 순종하고 하나님께 간구하며 하나님께 예배하는 것이 진짜 복입니다. 하나님은 하나님을 하나님으로 아는 자를 참 기뻐하십니다.

시편 7편은 하나님께 도움을 구하는 기도입니다. 하나님은 사람의 마음과 양심을 감찰하십니다. 그래서 악인은 벌하시고 의인은 세우십니다. 마음이 정직한 자를 하나님은 구원하십니다. “하나님은 의로우신 재판장이심이여 매일 분노하시는 하나님이시로다”(11절). 하나님을 바로 알아야 합니다. 하나님께서 죄를 얼마나 미워하시는지 알아야 회개할 수 있습니다. 하나님께서 긍휼이 얼마나 많으신지 알아야 간청할 수 있습니다. **시편 8편**은 하나님의 아름다우심을 노래합니다. 하나님은 참으로 놀라우십니다. 손가락으로 하늘과 달과 별을 만드셨습니다. 사람을 존귀하게 만드셨습니다. 무엇보다 그 사람을 생각하시고 돌보십니다. 이 얼마나 놀랍고 아름답습니까? 하나님을 영원토록 찬양합시다.

8월 August 08

룻기1장 • 사도행전26장 • 예레미야36-37장 • 시편9편

룻기 1장은 모압으로 떠났다가 베들레헴으로 돌아오는 나오미와 룻에 관한 이야기입니다. 사사 시대입니다. 흉년이 들었습니다. 흉년은 하나님의 돌보심이 사라짐을 상징할 때가 많습니다. 엘리멜렉이 가족을 데리고 모압으로 떠납니다. 그것은 불행의 시작이었습니다. 엘리멜렉도 죽고 두 아들도 죽습니다. 엘리멜렉의 아내 나오미와 두 아들의 아내들만 남습니다. 베들레헴에 풍년이 들었다는 소식을 듣고 나오미가 두 며느리를 데리고 돌아오려 길을 떠납니다. 한 명은 고향으로 가고 룻만 함께합니다. 베들레헴에 돌아온 그녀는 '풍족하게 나갔다가 텅 비어 돌아오게 되었다'고 고백합니다. 본문은 한 가족의 흥망성쇠를 빌려 하나님의 구속사를 보여주고 있습니다. 완전히 망한 이 가족이 어떻게 은혜를 입어 다시 흥하게 되는지를 이야기합니다. 아무리 크게 망해도 하나님께서 개입하시면 복을 얻습니다. 하나님의 개입 자체가 은혜입니다.

사도행전 26장은 바울의 간증과 전도 이야기입니다. 바울은 아그립바 왕 앞에서 자기의 인생을 설명하면서 그리스도를 전합니다. 제자들을 핍박한 일, 다메섹에서 예수님을 만난 일, 유대인에게 쫓긴 일 등을 말합니다. 바울이 얼마나 말을 잘 했는지 베스도와 아그립바가 압도당합니다. 그곳에서 바울이 유명한 말을 합니다. "당신뿐만 아니라 오늘 내 말을 듣는 모든 사람도 다 이렇게 결박된 것 외에는 나와 같이 되기를 하나님께 원하나이다"(29절). 얼마나 자신만만합니까? 이것이 복음으로 말미암은 자신감입니다. 복음으로 말미암은 자신감은 항상 상황과 사람을 압도합니다. 바울과 같이 복음으로 말미암은 자신감이 우리 마음에도 가득하기를 기도합시다.

예레미야 36장과 **예레미야 37장**은 말씀을 기록하는 것과 웅덩이에 갇히는 예레미야에 관한 이야기입니다. 하나님은 예레미야에게 이 모든 말씀을 기록하라고 명하십니다. 바룩이 받아씁니다. 이것을 여호야김왕이 읽습니다. 그는 말씀을 읽고도 두려워하거나 자기 옷을 찢지 않고 이 말씀을 불태웁니다. 예레미야가 말씀을 다시 씁니다. 시드기야가 왕일 때 예레미야는 바벨론 편을 들었다는 이유로 웅덩이에 갇힙니다. 예레미야는 왕에게 호소합니다. 바벨론이 침입할 것이라는 자신의 예언이 맞지 않았냐며 서기관 요나단의 집으로 보내지 말아 달라고 요청합니다. 그곳에 가면 죽임을 당할 것이기 때문입니다. 시드기야는 예레미야를 감옥 뜰에 둡니다. 참 혼란한 상황입니다. 왕은 하나님의 말씀을 두려워하지 않습니다. 장관들은 하나님의 사람을 두려워하지 않습니다. 백성들은 하나님의 사람과 말씀을 귀히 여기지 않습니다. 그들은 망해 가는 중에도 끝까지 자기 고집을 부리고 있습니다.

시편 9편은 하나님의 개입을 간청하는 기도입니다. 다윗은 자기 고집을 부리지 않는 자입니다. 오히려 자신의 범죄와 약함을 인정하고 하나님의 개입을 열심히 간청합니다. 하나님께서 개입하실 때 승리를 얻고 복을 얻을 수 있음을 알기 때문입니다. 반면에 악인은 고집쟁이입니다. 자기가 판 웅덩이에 빠지고 자기가 숨긴 그물에 자기 발이 걸립니다(15절). 자기가 손으로 행한 일에 스스로 얽힙니다(16절). 악인은 자기 고집에 따라 망하고 의인은 하나님을 의지하여 흥합니다.

룻기2장 • 사도행전27장 • 예레미야38장 • 시편10편

룻기 2장은 룻과 보아스의 만남 이야기입니다. 먹고 살기 위해 룻이 밭에 나갑니다. 떨어진 이삭을 줍기 위해서입니다. 그런데 가게 된 밭이 보아스의 것이었습니다. 그리고 마침 보아스가 옵니다. 이 모든 것이 우연처럼 보이지만 사실은 하나님의 은밀한 섭리입니다. 보아스가 룻에게 은혜를 베풉니다. 룻은 보아스의 돌봄 속에서 안전히 일하고 풍성히 곡식을 가져갑니다. 그런데 놀랍게도 보아스는 엘리멜렉의 친척으로 기업 무를 자였습니다. 절망밖에 없었던 이 가족에게 소망이 피어오릅니다. 인생의 소소한 일들이 모두 하나님의 섭리입니다. 우연처럼 보이는 것도 하나님께서 조각해 가시는 역사입니다. 하나님은 신비로운 섭리로 모든 것을 주장하셔서 가장 선한 일을 만들어 내십니다. 우리가 하나님을 믿고 하나님의 뜻대로 살아갈 수 있는 이유입니다.

사도행전 27장은 로마를 향한 바울의 여정입니다. 가이사에게 항소한 바울이 압송됩니다. 백부장 율리오가 바울 및 다른 죄수들을 데리고 배를 탑니다. 배가 광풍을 만납니다. 거의 죽게 되었을 때 바울이 하나님의 말씀을 전합니다. 생명에는 아무런 손상이 없을 것이고 한 섬에 걸리게 될 것이라는 말씀이었습니다. 이후부터 바울은 실질적인 지도자가 됩니다. 군인들은 바울의 말을 따라 움직입니다. 또한 군인들이 바울을 보호합니다. 본문도 하나님의 주권적인 섭리를 보여 줍니다. 하나님은 바다를 통치하시고 사람들을 인도하십니다. 이 모든 사건들은 우연이 아닙니다. 로마에 바울을 도착하게 하시기 위한 하나님의 사건입니다. 큰일부터 작은 일까지 모두 하나님의 뜻대로 움직입니다. 우리가 하나님을 믿고 하나님의

뜻대로 살아갈 수 있는 이유입니다.

예레미야 38장은 예레미야가 시드기야왕에게 항복을 권하는 장면입니다. 예레미야가 예루살렘이 망할 것이라는 말씀을 전하다가 다시 구덩이에 갇힙니다. 평안이 아니라 재난을 말한다는 이유입니다. 시드기야왕은 예레미야를 불러서 솔직히 말해 달라고 요청합니다. 예레미야는 하나님께서 말씀하신 대로 전합니다. 항복하면 살 것이고 싸우면 죽을 것이라는 말씀입니다. 시드기야왕은 예레미야에게 누구에게도 말하지 말 것을 명하고 감옥 뜰에 가둡니다. 이 전쟁도 하나님께서 주관하십니다. 하나님께서 자신의 뜻을 드러내시기 위해 사용하신 사건입니다. 모든 것이 하나님의 뜻대로 움직입니다.

시편 10편은 하나님께서 당신의 주권을 드러내시기를 바라는 다윗의 기도입니다. 악한 자가 가련한 자를 압박합니다. 악인이 마음의 욕심을 자랑합니다. 탐욕을 부리는 자가 하나님을 멸시합니다. 그들은 교만한 표정으로 하나님이 없다고 말합니다. 다윗은 이 같은 세상에 하나님께서 직접적으로 개입하시기를 간절히 요청합니다. "여호와여 일어나옵소서 하나님이여 손을 드옵소서"(12절). 하나님의 주권을 정말로 사랑한다면 하나님의 개입이 가시적으로 드러나기를 간청해야 합니다. 악하고 불의한 세상에 하나님의 공의와 사랑이 실현되기를 간절히 기도합시다.

8월 August 10

룻기3-4장 • 사도행전28장 • 예레미야39장 • 시편11-12편

룻기 3장과 **룻기 4장**은 나오미의 회복을 전합니다. 예상했던 대로 룻과 보아스가 가까워집니다. 룻은 보아스에게 기업 무를 자의 책임을 다해 줄 것을 요청합니다. 보아스가 그 요청을 들어줍니다. 보아스가 기업 무를 자가 되어서 룻과 결혼을 하고 자녀를 낳습니다. 모든 복을 잃고 돌아온 나오미의 인생 안으로 다시 모든 복이 들어왔습니다. 하나님은 상황을 만드시고 사람의 마음을 주장하셔서 당신의 일을 행하십니다. 하나님께서 일하시면 사람이 복을 얻습니다. 나오미가 그 증인입니다. 다윗의 족보를 언급하면서 룻기 이야기는 의미심장하게 끝납니다. 하나님께서 만드시는 복 중의 복인 예수 그리스도의 족보가 이렇게 이어지고 있습니다.

사도행전 28장은 로마에서의 바울을 기록합니다. 바울이 말한 것처럼 그들은 어떤 섬에 걸립니다. 멜리데섬입니다. 몇 가지 신비한 일들이 일어납니다. 바울은 독사에게 물렸지만 조금도 상하지 않았습니다. 바울이 병에 걸린 사람을 안수하여 낫게 합니다. 다른 병든 자들도 모두 고칩니다. 하나님께서 바울의 삶에 적극적으로 개입하고 계십니다. 무사히 로마에 도착합니다. 바울은 로마에 도착하자마자 유대인들을 청하여 복음을 전합니다. 모세의 율법과 선지자의 말을 가지고 예수님에 대하여 권합니다. 믿는 사람도 있었고 믿지 않는 사람도 있었습니다. 바울은 2년 동안 그 집에서 하나님 나라를 전파하고 주 예수 그리스도에 관한 모든 것을 담대하게 거침없이 가르쳤습니다. 모든 것을 잃어버린 자가 그리스도를 만나면 모든 복을 얻습니다. 그러므로 그리스도를 믿고 그리스도를 전합시다. 하나님께서 우리 삶에 적극적으로 개입하고 계십니다.

예레미야 39장은 예루살렘의 멸망을 전합니다. 예루살렘이 함락됩니다. 시드기야는 도망가다가 잡혀서 눈이 뽑힙니다. 느부갓네살왕은 예레미야를 석방하고 선대합니다. 그 와중에 구스인 에벳멜렉도 삽니다. 그가 하나님을 믿었기 때문입니다. 불행도 하나님의 주권 안에 있습니다. 고통 중에도 하나님은 적극적으로 개입하고 계십니다. 그러므로 어떤 상황에서도 하나님을 믿읍시다. 믿는 자에게는 은혜와 복이 있습니다.

시편 11편과 **시편 12편**은 불행과 고통 중에도 믿음을 갖고 간구하는 다윗의 시입니다. 다윗은 여전히 고통 중에 있습니다. 악인이 활을 당기고 화살을 쏘려 한다고 전합니다. 그러나 다윗은 하나님을 믿습니다. 하나님께서 여전히 개입하고 계시다고 확신합니다. "여호와는 의인을 감찰하시고 악인과 폭력을 좋아하는 자를 마음에 미워하시도다"(11:5). 그래서 하나님을 계속하여 의지합니다. 하나님께 계속하여 간청합니다. 하나님을 계속하여 부릅니다. "여호와여 도우소서 경건한 자가 끊어지며 충실한 자들이 인생 중에 없어지나이다"(12:1).

8월 August **11**

사무엘상1장 • 로마서1장 • 예레미야40장 • 시편13-14편

사무엘상 1장은 사무엘의 출생을 전합니다. 한나라는 여인이 임신하지 못하여 심히 괴로워합니다. 룻기에 나오듯이 흉년은 하나님의 돌보심이 떠났음을 상징하기도 합니다. 불임도 마찬가지입니다. 한나의 불임은 그 시대가 생명을 낳지 못하고 있음을 상징합니다. 한나가 슬픔 중에 간청합니다. 하나님께서 생명을 주시기를 간절히 요구합니다. 당시의 제사장이었던 엘리는 한나의 마음을 헤아리지 못하고 그녀가 술에 취한 줄 압니다. 하나님께서 그녀의 간청을 들어주십니다. 사무엘이라는 아들을 낳습니다. 한나는 서원한 대로 사무엘을 하나님께 드립니다. 사무엘의 출생은 의미심장합니다. 사사 시대에는 종교와 사회가 극도로 타락해 있었습니다. 참된 생명을 전혀 낳을 수 없는 불임의 시대였던 것입니다. 그러나 그 와중에도 하나님은 은혜를 베푸십니다. 사무엘의 출생이 그 상징입니다. 이제 하나님께서는 사무엘을 통해 시대를 역전시킬 준비를 하실 것입니다. 하나님의 은혜가 모든 것을 바꾸고 있습니다.

로마서 1장은 하나님의 복음이 어떻게 출발하는지를 가르칩니다. 바울은 이 편지를 로마에 있는 교회에 보냅니다. 그는 자신이 하나님의 복음을 위하여 부르심을 입었고, 특히 이 복음에 빚진 자이기에 로마에 있는 그들에게도 복음을 전하고 싶다고 말합니다. 그는 복음을 이렇게 정리합니다. "복음에는 하나님의 의가 나타나서 믿음으로 믿음에 이르게 하나니 기록된바 오직 의인은 믿음으로 말미암아 살리라 함과 같으니라"(17절). 그는 먼저 하나님의 진노와 불의의 관계를 설명합니다. 사람들 속에는 하나님을 알 만한 것이 있습니다. 또한 만물에는 하나님의 능력과 신성이 분명히

보입니다. 그럼에도 불구하고 사람들은 하나님을 모릅니다. 알아도 그분을 높이지 않습니다. 스스로 지혜를 뽐내지만 사실은 어리석음에 갇혀 있습니다. 우상에 사로잡혀 있습니다. 하나님은 그들을 정욕대로 살도록 내버려 두십니다. 그들은 하나님을 마음에 두기 싫어합니다. 결과적으로 온갖 더러운 마음과 악행이 가득한 인생을 삽니다. 자기만 그렇게 살지 않고 다른 사람들에게도 그런 인생을 권합니다. 본문이 묘사하는 이 모습들은 사사 시대와 예레미야 시대에 고스란히 나옵니다.

시편 13편과 **시편 14편**에는 하나님을 마음에 두기를 싫어하는 사람에 관한 내용이 나옵니다. "어리석은 자는 그의 마음에 이르기를 하나님이 없다 하는도다 그들은 부패하고 그 행실이 가증하니 선을 행하는 자가 없도다"(14:1). 하나님이 없다 하는 자들은 악행을 즐거워합니다. 그로 말미암아 의인이 괴로움을 당합니다. "두렵건대 나의 원수가 이르기를 내가 그를 이겼다 할까 하오며 내가 흔들릴 때에 나의 대적들이 기뻐할까 하나이다"(13:4). 그러나 하나님은 모든 것을 감찰하십니다. 그분은 다 알고 계십니다. 그래서 악인은 심판하실 것이고 의인은 구원하실 것입니다. 성경 전체가 전하고 있는 이 교훈을 마음에 새깁시다.

예레미야 40장은 예루살렘 멸망 후를 다룹니다. 바벨론으로 끌려가던 예레미야는 사령관의 선대를 얻어 다시 풀려납니다. 예레미야는 느부갓네살왕이 세운 총독 그다랴가 다스리는 미스바로 갑니다. 많은 사람들이 그다랴에게로 찾아옵니다. 그다랴는 바벨론 왕을 섬기는 것이 유익하다고 권합니다. 나름의 평화가 찾아온 것처럼 보이지만 여전히 불안 요소가 남아 있습니다. 암몬에서 파견한 이스마엘이 그다랴의 목숨을 빼앗으려 하는데 그다랴가 그 악한 계략을 믿지 않은 것입니다. 한바탕 피바람이 일어날 조짐이 보입니다.

8월 August 12

사무엘상2장 • 로마서2장 • 예레미야41장 • 시편15-16편

사무엘상 2장은 엘리 제사장 집안의 타락을 전합니다. 한나는 하나님께 진심으로 감사하며 기도합니다. 하나님의 은혜는 모든 것을 바꿉니다. 가난한 자를 부하게도 하시고 낮은 자를 높이기도 하십니다. 하나님이야말로 인생과 역사의 진정한 주권자가 되십니다. 이 진리를 가장 잘 믿어야 했던 제사장이 그것을 알지 못했습니다. 엘리 제사장에게는 두 아들이 있었는데 그들도 제사장이었습니다. 그런데 그들은 불량배였습니다. 온갖 불경한 일들과 악한 일들을 행하고 다녔습니다. 그러나 엘리는 그들을 통제하지 않았습니다. 결국 하나님은 이 집안을 몰락시키겠다고 말씀하십니다. "나를 존중히 여기는 자를 내가 존중히 여기고 나를 멸시하는 자를 내가 경멸하리라"(30절). 하나님을 멸시하던 집안은 망해 가고 있었지만 한 사람은 흥하고 있었습니다. 사무엘입니다. 사무엘은 엘리 제사장의 두 아들과는 달리 경건한 소년이었습니다. 여호와와 사람에게 은총을 입은 자로 잘 성장하였습니다. 하나님을 두려워하지 않는 자는 결국 공포스러운 하나님을 만나게 됩니다. 반면에 하나님을 경외하는 자는 결국 자비로우신 하나님을 만나게 됩니다. 마음을 다해 하나님을 경외합시다.

로마서 2장은 죄인을 심판하시는 하나님을 명확히 설명합니다. 하나님을 마음에 두기를 싫어하는 자들은 반드시 하나님의 심판을 받게 됩니다. "네 고집과 회개하지 아니한 마음을 따라 진노의 날 곧 하나님의 의로우신 심판이 나타나는 그날에 임할 진노를 네게 쌓는도다"(5절). 율법 없이 범죄하는 자는 율법 없이 양심에 따라 심판을 받습니다. 율법이 있고 범죄한 자는 율법으로 심판을 받습니다. 이방인도 심판을 받고 유대인도 심판을

받습니다. 특히, 본문은 율법을 자랑하는 유대인에게 경고합니다. 율법의 교훈을 받아 하나님의 뜻을 알고 선한 것을 분별하며 스스로 교사와 선생이라 믿는 자가 오히려 율법을 지키지 않는다고 고발합니다. 간음하지 말라는 자가 간음합니다. 우상 숭배하지 말라는 자가 우상을 숭배합니다. 위선으로 가득한 율법 교사가 구원을 받을 리가 없습니다. 진짜 유대인은 몸에 할례를 한 사람이 아니라 마음에 할례를 한 사람입니다.

시편 15편과 **시편 16편**에는 의인의 특징이 나옵니다. 로마서 2장이 죄인의 특징을 많이 묘사하였다면 본문은 의인을 다음과 같이 묘사합니다. 의인은 정직하게 행합니다. 공의를 실천합니다. 마음에 진실을 말합니다. 혀로 남을 허물하지 않습니다. 이웃에게 악을 행하지 않습니다. 이웃을 비방하지 않습니다. 여호와를 두려워하는 자들을 존대합니다. 이자를 받으려고 돈을 꾸어 주지 않습니다. 뇌물을 받고 무죄한 자를 해하지 않습니다. 양심의 교훈을 받습니다. 여호와를 마음에 항상 모십니다. 훈계하시는 하나님을 즐거워합니다. 주님만 복으로 여깁니다. "주는 나의 주님이시오니 주밖에는 나의 복이 없다 하였나이다"(16:2).

예레미야 41장은 총독 그다랴의 죽음을 말합니다. 그다랴가 이스마엘에게 죽임을 당합니다. 이스마엘의 악행은 계속됩니다. 성전에 가려던 수십 명의 사람들을 죽여 버립니다. 요하난이 악행을 듣고 이스마엘을 추적합니다. 이스마엘은 암몬으로 피신하지만 남아 있는 유다 사람들은 바벨론 왕을 두려워합니다. 그가 임명한 총독이 유다 땅에서 죽임을 당했기 때문입니다. 혼란이 계속되고 있습니다.

8월 August **13**

사무엘상3장 • 로마서3장 • 예레미야42장 • 시편17편

사무엘상 3장은 사무엘을 부르시는 장면입니다. 당시에는 여호와의 이상이 희귀했습니다. 하나님께서 말씀하시지 않았다는 뜻입니다. 하나님께서 말씀하시지 않는 시대는 생명이 없는 시대입니다. 하나님께서 개입하시지 않는 시대는 은혜가 없는 시대입니다. 그러나 이제 하나님께서 말씀하시고 개입하십니다. 사무엘을 부르십니다. 세 번 만에 하나님께서 부르심을 깨달은 사무엘은 이렇게 말합니다. "말씀하옵소서 주의 종이 듣겠나이다"(10절). 이것이 성도의 마땅한 자세입니다. 말씀하시면 듣는 것, 이와 같은 태도가 꼭 필요합니다. 하나님은 가장 먼저 엘리 제사장의 집안이 그 죄로 말미암아 망할 것이라고 말씀하십니다. 죄는 반드시 심판을 불러온다는 일관적인 말씀입니다. 말씀이 끊겼던 시대가 사무엘로 말미암아 다시 말씀의 시대로 접어들기 시작합니다. 사무엘이 하는 말은 하나도 땅에 떨어지지 않았습니다. 하나님의 말씀이 바르게 전파되고 그것에 옳게 반응하는 시대가 정말로 복된 시대입니다. 은혜의 시대입니다. 말씀을 사모합시다.

로마서 3장은 죄의 결과와 하나님의 의를 말합니다. 바울은 할례를 받은 유대인도 이방인과 다를 바가 없다고 선언합니다. 유대인이나 헬라인이나 모두가 다 죄 아래에 있을 뿐입니다. 의인은 없습니다. 하나님을 찾는 자가 없습니다. 율법을 안다고 자랑할 것도 없습니다. 율법의 행위로는 의롭다 하심을 얻을 육체가 없기 때문입니다. 율법은 죄를 깨닫게 할 뿐입니다. 그러므로 율법 외에 다른 의가 필요합니다. 바울은 그 의가 나타났다고 말합니다. 그 의는 율법과 선지자들에게 증거를 받은 것입니다. 곧 "예수 그리스도를 믿음으로 말미암아 모든 믿는 자에게 미치는 하나님

의 의"(22절)입니다. 이 의는 차별이 없습니다. 유대인에게만 주어지는 것도 아니고 헬라인에게만 주어지는 것도 아닙니다. 그리스도 예수 안에 있는 자는 하나님의 은혜로 값없이 의롭다 하심을 얻습니다. 예수님께서 화목제물이 되셨기에 그분을 믿으면 하나님께서 그들의 지은 죄를 간과하시기 때문입니다. 그러므로 그리스도를 믿고 의롭게 된 자들은 자랑할 것이 하나도 없습니다. 자신의 행위로 이룬 것이 아니기 때문입니다. 이 얼마나 놀랍고 기쁜 소식입니까?

시편 17편은 하나님의 응답을 간절히 바라는 다윗의 기도입니다. 다윗은 자기의 의를 내세웁니다. 하나님께서 자기를 판단하시고 자기 기도를 들어주시라고 간구합니다. 여기서 말하는 다윗의 의는 상대적입니다. 완전하고 무결한 의가 아닙니다. 악인에 비해 깨끗한 의를 내세워서 하나님께서 응답해 주시기를 기도하고 있는 것입니다. 다윗의 의가 하나님께 간청할 수 있는 근거가 되었다면, 완전무결한 그리스도의 의는 어떻겠습니까? 하나님께 담대히 나아갈 충분한 의가 됩니다. 그리스도의 의를 힘입어 다윗의 기도를 합시다. 하나님께서 응답해 주실 것입니다.

예레미야 42장에는 두려움에 떠는 백성들을 안심시키는 하나님께서 등장하십니다. 총독 그다랴의 죽음으로 말미암아 남아 있는 백성들이 두려움에 떱니다. 바벨론 왕이 재침공할 수도 있기 때문입니다. 요하난을 비롯한 사람들이 예레미야를 찾아가서 어떻게 해야 하는지를 묻습니다. 하나님은 예레미야에게 당신이 그들을 돌보겠으니 그냥 거기에 머무르라고 명하십니다. 만약 살기 위해 애굽으로 가면 오히려 칼과 기근이 거기까지 따라갈 것이라고 말씀하십니다. 백성들은 두려워할 필요가 없습니다. 그들이 그토록 두렵게 여기는 바벨론 왕도 사실 하나님 손에 들린 칼에 불과하기 때문입니다. 정말로 그렇습니다. 이 세상의 모든 것이 하나님의 손에 들린 수단에 불과합니다. 우리가 정말로 두려워할 것은 하나님밖에 없습니다.

8월 August 14

사무엘상4장 • 로마서4장 • 예레미야43장 • 시편18편

사무엘상 4장은 엘리 가족의 몰락을 보여 줍니다. 이스라엘과 블레셋이 전쟁을 벌입니다. 이스라엘이 패합니다. 승리를 위해 언약궤를 가지고 오는데, 그것은 하나님을 의지하는 것이 아니라 일종의 미신과 같은 것이었습니다. 하나님의 거룩한 임재를 상징하는 언약궤를 부적처럼 여긴 것입니다. 하나님을 의지하는 믿음이 하나도 없이 언약궤만 들여온다고 전쟁에서 승리할 턱이 없었습니다. 대패를 당하고 엘리의 두 아들은 죽임을 당합니다. 그 소식을 들은 엘리 제사장도 뒤로 넘어져 목이 부러져서 죽습니다. 비느하스의 아내도 그 소식을 듣고 죽습니다. 그때 낳은 아이의 이름을 이가봇, 곧 영광이 이스라엘에서 떠났다고 지었습니다. 완전한 몰락입니다. 한 가정의 몰락만이 아니라 한 민족의 몰락입니다. 하나님을 모욕하는 신앙, 곧 위선적인 신앙은 하나님께서 매우 미워하십니다. 그 죄는 심판을 만날 수밖에 없습니다. 망할 수밖에 없습니다. 그러나 이 민족의 운명이 완전히 끝난 것은 아닙니다. 제사장 엘리의 가족은 몰락했지만 하나님께서 은혜로 낳고 세우신 한 사람이 남아 있기 때문입니다. 사무엘입니다.

로마서 4장은 믿음으로 의롭게 됨을 설명합니다. 아브라함은 행위로 의롭게 되었을까요? 아닙니다. 성경은 아브라함이 하나님을 믿으매 그것이 그에게 의로 여겨진 바 되었다고 합니다. 행위로 얻은 의는 보상이지만 믿음으로 얻은 의는 은혜입니다. 아브라함은 할례를 받고 의롭게 된 것이 아닙니다. 의롭게 되었기에 할례로 표를 받은 것입니다. 그러므로 할례도 의로움의 근거가 될 수 없습니다. 바울은 계속해서 아브라함의 믿음이 의로

여겨졌다는 논리를 폅니다. 유대인들이 자신들의 조상으로 여기는 아브라함이 행위가 아니라 믿음으로 의롭게 되었음을 가르쳐서 오직 믿음으로만 의롭게 되는 복음의 소식을 전하기 위해서입니다. 사람의 행위가 아니라 하나님의 은혜가 인생과 역사 속에 새로운 일을 시작합니다.

예레미야 43장은 유다 백성들의 지긋지긋한 불신을 전합니다. 처음에는 예레미야의 말대로 하겠다고 했던 그들이 마음을 바꿉니다. 예레미야에게 거짓을 말한다고 비난합니다. 그들은 예레미야를 통해 전달된 하나님의 말씀에 또 순종하지 않고 애굽으로 도망갑니다. 진노하신 하나님은 바벨론 왕에게 애굽이 파멸될 것이라고 말씀하십니다. 본문은 사람의 마음이 얼마나 완고하고 변덕스러운지를 잘 보여 주고 있습니다. 오직 그리스도의 복음만 이 마음을 바꾸실 수 있습니다.

시편 18편은 하나님을 노래하는 다윗의 시입니다. 이 시편은 새 마음을 품고 있는 사람이 어떤 심정인지를 잘 보여 줍니다. “나의 힘이신 여호와여 내가 주를 사랑하나이다”(1절). 새 마음을 품은 사람은 하나님을 사랑합니다. 하나님을 자신의 모든 것으로 여깁니다. 하나님께 의지하고 아룁니다. 자신을 두렵게 만드는 모든 것을 들고 하나님께 나갑니다. 하나님께서 얼마나 크고 강하신지를 압니다. 그분을 향한 결단과 결심을 다집니다. 그분을 찬양하고 예배합니다.

8월 August 15

사무엘상5-6장 • 로마서5장 • 예레미야44장 • 시편19편

사무엘상 5장과 **사무엘상 6장**은 언약궤 이야기입니다. 하나님께서 손이 짧으셔서 여호와의 궤가 블레셋에게 탈취당한 것이 아닙니다. 하나님은 신들 중의 신이십니다. 참 하나님이십니다. 블레셋에게 탈취당한 여호와의 궤가 다곤 신전으로 들어갑니다. 그때부터 이상한 일들이 벌어집니다. 다곤 신상이 넘어지고 부서집니다. 또 여호와의 궤가 있는 아스돗에 독한 종기 재앙이 일어납니다. 결국 블레셋 사람들은 여호와의 궤를 벧세메스 지방으로 옮기고자 합니다. 여호와의 궤가 돌아오는 것을 본 벧세메스 사람들이 기뻐합니다. 그러나 여호와의 궤를 들여다본 까닭에 많은 사람들이 죽임을 당합니다. 벧세메스 사람들은 블레셋 사람들보다 못하게 여호와의 궤를 대했습니다. 하나님은 참으로 거룩하십니다. 함부로 통제할 수 있는 분이 아닙니다. 하나님께서 거룩하신 분임을 잊어서는 안 됩니다.

로마서 5장은 둘째 아담이신 그리스도를 전합니다. 믿음으로 의롭다 하심을 받은 사람은 어떻게 살아야 할까요? 바울은 믿음으로 의롭다 하심을 받은 사람은 그리스도로 말미암아 하나님과 화평을 누리고 그분의 영광을 바라야 한다고 말합니다. 또한 환난 중에도 즐거워하고 인내와 연단과 소망을 이루어야 한다고 말합니다. 그리스도 안에서 믿음으로 의롭다 하심을 얻은 사람은 하나님과의 관계가 완전히 변합니다. 거룩하신 하나님을 두려워하기보다 즐거워하고 멀리하기보다 가까이합니다. 우리가 이렇게 할 수 있는 이유는 둘째 아담이신 그리스도 때문입니다. 첫째 아담의 범죄로 말미암아 이 세상에 사망이 들어왔습니다. 아담은 모든 사람의 머리로 그 한 사람 탓에 모든 사람이 정죄에 이르렀습니다. 아담은 오실 자의 모형입니다(14절). 반면에 둘째 아담의 순종으로 말미암아 많은 사람이 생명에 이르렀습니다. 둘째 아담은 예수 그리스도입니다. 그분으로 말미암아 많은 사람이 의롭다 하심을 얻었습니다. "한 사람이 순종하지 아니함으로 많은 사람이 죄인 된 것같이 한 사람이 순종하심으로 많은 사람이 의인이 되리라"(19절). 그리스도를 머리 삼은 자는 생명과 의를 얻습니다.

예레미야 44장은 애굽에 사는 유다 백성들을 향한 심판 선언입니다. 하나님의 말씀에 순종하지 않고 애굽으로 도망간 유다 백성들은 그곳에서 또 다른 신들을 섬깁니다. 정말 놀랄 정도로 끈질긴 반역입니다. 예루살렘의 패망을 목격하고도 다른 신들을 섬기고 있습니다. 사람의 타락한 본성이 이토록 고집스럽고 무섭습니다. 그래서 새로운 본성이 필요합니다. 아무튼 하나님은 애굽에서까지 반역하고 있는 유다 백성들에게 심판을 선언하십니다. 예루살렘을 벌한 것같이 애굽 땅에 사는 자들을 칼과 기근과 전염병으로 벌하시겠다고 말씀하십니다(13절). 경고를 받아야 합니다. 그리고 교훈을 받아야 합니다. 하나님께서는 죄를 정말로 미워하신다는 경고와 하나님의 말씀은 항상 진리라는 교훈입니다. 선지서를 읽을 때 우리가 얻을 수 있는 유익입니다.

시편 19편은 하나님의 말씀을 찬양합니다. 먼저 다윗은 하나님께서 지으신 세상을 찬양합니다. 하늘은 하나님의 영광을 선포합니다. 궁창은 그분께서 하시는 일을 나타냅니다. 하지만 그것보다 귀한 것은 하나님의 말씀입니다. 여호와의 율법은 완전하여 영혼을 소성시킵니다. 여호와의 증거는 확실하여 우둔한 자를 지혜롭게 합니다. 여호와의 교훈은 정직하여 마음을 기쁘게 합니다. 여호와의 계명은 순결하여 눈을 밝게 합니다. 그러므로 항상 하나님을 경외하는 마음으로 그분의 말씀을 가까이해야 합니다. "주의 종이 이것으로 경고를 받고 이것을 지킴으로 상이 크니이다"(11절).

8월 August **16**

사무엘상7-8장 • 로마서6장 • 예레미야45장 • 시편20-21편

사무엘상 7장과 **사무엘상 8장**은 왕을 요구하는 이스라엘 백성들에 관한 이야기입니다. 사무엘은 이스라엘을 잘 다스립니다. 먼저 이스라엘 백성에게 우상을 제거하고 여호와만 섬길 것을 가르칩니다. 그리고 온 이스라엘을 모아 놓고 기도합니다. 이때 블레셋 사람들이 쳐들어오는데 하나님께서 큰 우레로 그들을 어지럽게 하셔서 이스라엘이 승리를 거두게 하십니다. 사무엘은 에벤에셀이라 일컫는 돌을 세워서 이 승리를 기억하게 합니다. 시간이 지납니다. 사무엘은 늙고 그 아들들은 형편없었습니다. 장로들이 모여서 사무엘에게 다른 나라와 같이 왕을 세워 달라고 요구합니다. 이것은 사실상 하나님의 왕 되심을 거부하겠다는 뜻입니다. 이스라엘은 다른 나라와 달리 하나님께서 직접 통치하시는 나라였는데, 이스라엘 스스로 다른 나라와 같이 되고 싶다고 요구하고 있습니다. 사무엘은 왕의 제도가 그들을 억압하게 될 것이라고 예고하지만 장로들은 막무가내입니다. "우리도 왕이 있어야 하리니 우리도 다른 나라들같이 되어 우리의 왕이 우리를 다스리며 우리 앞에 나가서 우리의 싸움을 싸워야 할 것이니이다"(19-20절). 하나님은 이스라엘을 다른 나라와 구별하셨는데 이스라엘은 다른 나라와 같이 되겠다고 원하는 것입니다. 결국 하나님은 왕을 세우기로 결정하십니다.

시편 20편과 **시편 21편**은 다윗이 하나님을 의지하고 자랑하는 노래입니다. 다윗은 참된 왕입니다. 정확히 말하면, 참된 왕의 모형입니다. 이스라엘은 하나님께 반역하는 마음으로 왕을 요구하였지만 하나님은 그 요구를 받아 당신의 나라를 세워 가십니다. 다윗은 그 나라의 중심인물입니다. 본

문을 보면 다윗이 얼마나 신실한 왕이었는지 알 수 있습니다. 그는 하나님 중심적인 왕입니다. 그는 하나님께서 모든 것을 이루어 주심을 믿었습니다. 하나님께 구원하는 힘이 있음도 믿었습니다. 병거나 말을 의지하지 않고 오직 하나님의 이름만 자랑했습니다. 무엇보다 그는 하나님을 기뻐하고 즐거워하고 의지하는 왕이 되어야 함을 알았습니다. "여호와여 왕이 주의 힘으로 말미암아 기뻐하며 주의 구원으로 말미암아 크게 즐거워하리이다"(21:1).

로마서 6장은 그리스도와의 연합을 설명합니다. 죄가 더한 곳에 은혜가 더합니다. 그렇다면 은혜를 더하려고 죄를 더해야 할까요? 그럴 수가 없습니다. 그리스도와 연합하여 세례를 받은 자는 그리스도와 함께 죄에 대해서 죽습니다. 옛 사람이 예수님과 함께 십자가에 못 박힙니다. 또한 그리스도와 함께 하나님을 향해서는 삽니다. 그러므로 그리스도와 연합한 자는 죄가 지배하지 못하도록 해야 합니다. 순종의 종으로 살아가야 합니다. 이제는 죄로부터 해방되고 하나님께 종이 되어 거룩함에 이르는 열매를 맺어야 합니다.

예레미야 45장에는 바룩의 구원을 보장하는 이야기가 나옵니다. 일찍이 예레미야는 하나님께 받은 말씀을 바룩에게 기록하도록 시켰습니다. 그리고 그때 하나님께서 그의 생명을 지키시겠다는 약속을 하십니다. 불경건한 자는 심판을 당하지만 경건한 자는 구원을 얻습니다. 이 간단한 진리를 마음에 품고 경고와 교훈을 동시에 받으시기를 바랍니다.

8월 August 17

사무엘상9장 • 로마서7장 • 예레미야46장 • 시편22편

사무엘상 9장은 사무엘과 사울의 만남 이야기입니다. 베냐민 지파 기스의 아들 사울이 소개됩니다. 왕을 세우기로 한 후에 바로 등장하는 인물이라 흥미롭습니다. 이미 알고 있듯이 그는 이스라엘 최초의 왕이 됩니다. 암나귀들을 잃은 기스가 사울에게 찾아오라고 시킵니다. 암나귀를 찾기 위해 하나님의 사람, 곧 사무엘을 찾아갑니다. 사무엘은 하나님께서 미리 알려 주셔서 그가 올 것을 알고 있었고 그로 왕을 삼아야 한다는 것도 알고 있었습니다. 사무엘과 사울이 드디어 만납니다. 본문은 사울에 대해 크게 긍정적이지 않습니다. 사울은 잃어버린 가축도 찾지 못하는 무능한 목자입니다. 다윗이 자기 양 떼를 철저히 지킨 목자였음을 기억해 보십시오. 비록 사울이 자신과 자신의 집안이 매우 작음을 강조하며 겸손을 보였지만 기드온도 처음에는 겸손한 모습이었음을 기억해 보십시오. 안타깝게도 사울은 참된 왕을 갈망하게 만드는 무능한 왕이 되고 맙니다.

시편 22편은 다윗의 절망과 소망을 말합니다. 이스라엘의 참된 왕 다윗은 절망과 소망을 함께 경험합니다. 먼저 그는 철저한 절망을 겪습니다. 하나님께서 자신을 버리셨다고 울부짖습니다. "내 하나님이여 내 하나님이여 어찌 나를 버리셨나이까"(1절). 그는 자신이 사람들의 조롱거리가 되었다고 말합니다. 사람들이 비웃고 입술을 비쭉거린다고 말합니다. 하나님께서 자기를 죽음의 진토 속에 둔 것처럼 느껴진다고 말합니다. "그들이 나를 주목하여 보고 내 겉옷을 나누며 속옷을 제비 뽑나이다"(17-18절). 다윗의 노래는 극적인 반전을 겪습니다. 다윗은 울부짖을 때 하나님께서 들어주셨다고 고백합니다. 그래서 그는 하나님을 노래하고 하나님을 섬기고 하나님을 찬양합니다. 참된 왕 다윗은 진짜 참된 왕 예수님의 모형입니다. 예수님은 십자가 위에서 다윗의 부르짖음을 똑같이 하셨습니다. "어

찌하여 나를 버리셨나이까"(마 27:46; 막 15:34). 또한 십자가 위에서 군사들이 겉옷을 나누고 속옷 제비 뽑는 것을 목격하셨습니다. 예수님은 십자가 위에서 유대인의 왕이라는 조롱을 당하셨지만, 십자가 위에서 진짜 왕이 되셨습니다. 예수님은 생명의 주요 평강의 왕이 되십니다. 예수님께서 다스리시는 나라를 사모합시다.

로마서 7장은 율법과 죄의 관계를 말합니다. 남편이 살아 있을 때는 남편의 법에 매입니다. 그러나 남편이 죽으면 더 이상 남편의 법에 매이지 않습니다. 마찬가지로 죄가 살아 있을 때는 율법에 매입니다. 하지만 죄가 죽으면 더 이상 율법에 매이지 않습니다. 그리스도를 믿음으로 말미암아 우리 안에 죄가 죽었으니 우리는 더 이상 율법에 매이지 않습니다. 바울은 그런 식으로 죄와 율법의 관계를 설명합니다. 그렇다면 율법은 악한 것일까요? 그렇지 않습니다. "율법은 거룩하고 계명도 거룩하고 의로우며 선하도다"(12절). 율법은 죄가 죄로 드러나기 위한 수단일 뿐입니다. 율법은 항상 우리 속에 있는 죄를 드러냅니다. 이것을 발견한 바울은 "오호라 나는 곤고한 사람"(24절)이라고 고백합니다.

예레미야 46장은 애굽의 운명에 관해 말합니다. 당시 유다는 애굽을 많이 의지했습니다. 애굽이야말로 바벨론에게서 자신들을 구해 줄 구원자라고 생각했습니다. 그래서 애굽에 구원 요청을 보내기도 하고 애굽으로 도망가기도 했습니다. 하나님 대신에 애굽을 신뢰한 것입니다. 그러나 하나님은 애굽도 바벨론 손에 넘기십니다. 애굽도 수치를 당할 것입니다. "딸 애굽이 수치를 당하여 북쪽 백성의 손에 붙임을 당하리로다"(24절). 이스라엘을 구원하는 것은 애굽이 아니라 하나님입니다. 하나님께서 진짜 구원자이십니다. "내 종 야곱아 두려워하지 말라 이스라엘아 놀라지 말라 보라 내가 너를 먼 곳에서 구원하며 네 자손을 포로 된 땅에서 구원하리니 야곱이 돌아와서 평안하며 걱정 없이 살게 될 것이라"(27절).

8월 August **18** 사무엘상10장 • 로마서8장 • 예레미야47장 • 시편23-24편

사무엘상 10장은 사울이 왕으로 추대되는 장면입니다. 사무엘이 사울에게 기름을 붓습니다. 그리고 몇 가지 예언과 당부를 합니다. 예언은 이루어지고 당부는 잘 지켜집니다. 드디어 사무엘이 온 백성들을 미스바로 불러 모으고 제비뽑기를 시행합니다. 베냐민 지파가 뽑히고 그중에서 마드리의 가족이 뽑히고 그중에서 기스의 아들 사울이 뽑힙니다. 최초의 왕이라는 사실이 부담스러웠는지 사울은 짐 보따리 뒤에 숨어 있었지만 결국 왕으로 추대됩니다. 모든 백성이 왕의 만세를 외칩니다. 이 사건 뒤에는 하나님께서 계십니다. 백성들의 소원을 하나님께서 이루어 주셨으니 이제 백성들은 하나님을 섬기고 따르기만 하면 됩니다.

로마서 8장은 그리스도 예수 안에 있는 하나님의 사랑을 말합니다. 율법은 죄를 드러내지만 그리스도 예수 안에 있는 자에게는 정죄함이 없습니다. 죄와 사망의 법에서 해방되었으므로 더 이상 율법에 매이지 않기 때문입니다. 대신에 이제는 생명의 성령의 법의 지배를 받습니다. 그러므로 우리는 영으로써 몸의 행실을 죽이며 살아야 합니다. 하나님의 영으로 인도함을 받아야 합니다. 이 영은 양자의 영입니다. 종의 영이 아닙니다. 하나님을 아빠 아버지라고 부를 수 있는 영입니다. 그러므로 그리스도와 함께 하나님 아버지의 상속자가 되었으니 그리스도와 함께 고난도 받아야 합니다. 우리가 이와 같이 하나님의 영을 받게 된 것은 하나님께서 미리 정하셨기 때문입니다. 정하신 우리를 부르시고 부르신 우리를 의롭게 하시고 의롭게 하신 우리를 영화롭게 하실 것입니다. 그러므로 우리는 바울의 권면을 따라 이 믿음을 확고히 해야 합니다. 하나님께서 이와 같이 우리를

구원하셨는데, 누가 우리를 대적할 수 있겠습니까? 누가 우리를 정죄할 수 있겠습니까? 누가 우리를 하나님의 사랑에서 끊을 수 있겠습니까? 그 어떤 것도 그리스도 예수 안에 있는 하나님의 사랑을 끊을 수 없습니다.

예레미야 47장은 블레셋을 향한 하나님의 심판 선언입니다. 블레셋도 북쪽에서 일어나는 물에게 유린을 당할 것입니다. 즉 바벨론에게 파멸을 당할 것입니다. 블레셋이 강하여 이스라엘을 괴롭힐 수 있었던 것이 아닙니다. 하나님께서 그렇게 사용하셨기 때문입니다. 때가 왔으므로 이제 블레셋은 그 죄의 대가를 받게 될 것입니다. 모든 것은 하나님의 뜻대로 움직입니다.

시편 23편은 선한 목자가 되시는 하나님을 노래합니다. 하나님께서 목자가 되시니 부족함이 없습니다. 그분은 푸른 풀밭과 쉴 만한 물가로 인도하십니다. 사망의 음침한 골짜기에서도 함께하십니다. 평생 동안 인자하심과 선하심으로 따라다니십니다. 하나님께서 우리의 목자가 되시니 우리는 안심할 수 있습니다. **시편 24편**은 강하고 능하신 하나님을 노래합니다. 땅의 모든 것이 주의 것입니다. 하나님은 온 세상을 당신의 것으로 통치하십니다. 자연 만물만이 아니라 전쟁도 하나님께 속해 있습니다. 하나님은 강하고 능하십니다. 전쟁에 능하십니다. 그분은 영광의 왕이십니다. 그러므로 여호와를 찾는 자, 하나님의 얼굴을 구하는 자는 복을 받고 의를 얻습니다. 하나님은 참 좋으시니 그분께 가까이 나아갑시다. 그분을 섬깁시다. 좋은 일이 일어날 것입니다.

8월 August 19

사무엘상11장 • 로마서9장 • 예레미야48장 • 시편25편

사무엘상 11장은 사울이 왕좌에 오르는 장면입니다. 암몬 사람 나하스가 길르앗 야베스에 쳐들어옵니다. 화친을 맺자는 야베스 사람들에게 나하스는 오른 눈을 다 빼면 맺어 주겠다고 말합니다. 사울이 이 소식을 듣습니다. 사울은 이스라엘 전역에 소집령을 내리고 군사를 모읍니다. 그리고 첫 번째 싸움에서 대승을 거둡니다. 온 이스라엘이 기뻐합니다. 모든 백성이 길갈에 모여 사울을 왕으로 삼습니다. 이스라엘 백성들이 원하던 그림이 완성된 것입니다. 이제 사울은 하나님을 진짜 왕으로 삼아서 왕 노릇을 잘하기만 하면 됩니다. 그렇게 되면 하나님께서 사울에게 계속하여 승리를 주실 것입니다.

시편 25편은 하나님을 의지하는 왕 다윗의 노래입니다. 다윗의 마음을 주목해 보십시오. 다윗은 참으로 하나님을 의지합니다. "나의 하나님이여 내가 주께 의지하였사오니"(2절). 다윗은 하나님께 지도받는 것을 부끄럽게 여기지 않습니다. 오히려 적극적으로 하나님의 도를 배우고 하나님의 진리를 배우고 싶어 합니다. 그는 하나님을 의지하고 하나님께 지도받는 것이 평안을 누리는 방식임을 알고 있습니다. 하나님은 자기를 경외하는 자들을 친밀하게 대하십니다. 하나님은 은혜를 베푸시고 죄를 사하시며 모든 환난에서 보호하십니다. 하나님께 마음을 두고 사십시오. 하나님을 가까이 두고 사십시오. 항상 좋은 일들이 일어날 것입니다.

예레미야 48장은 모압을 향한 하나님의 심판 선언입니다. 하나님을 의지하고 그분께 가까이 나아가는 자는 도움을 얻고 보호를 받습니다. 반면

에 하나님을 마음에 두기 싫어하고 하나님을 멀리하는 자는 심판을 받습니다. 애굽과 블레셋처럼 모압도 심판 선언을 받습니다. 모압도 철저하게 파괴를 당할 예정입니다. 하나님은 심판의 이유를 다음과 같이 말씀하십니다. "네가 네 업적과 보물을 의뢰하므로 너도 정복을 당할 것이요 그모스는 그의 제사장들과 고관들과 함께 포로 되어 갈 것이라"(7절). 모압은 자신들의 업적과 보물을 의지했습니다. 또한 그모스라는 우상을 의지했습니다. 하나님을 마음에 두기 싫어하고 우상을 섬긴 그들은 그에 합당한 보응을 받게 될 것입니다. 무엇보다 그들은 여호와에 대하여 교만하였습니다(26절). 이스라엘을 조롱하였습니다. 모압은 그 대가를 받게 될 것입니다.

로마서 9장은 참된 하나님의 자녀를 말합니다. 바울은 이스라엘 사람들 때문에 마음에 큰 근심이 있다고 고백합니다. 그들에게는 양자 됨과 영광과 언약들과 율법을 세우신 것과 예배와 약속들이 있었습니다. 육신으로 말하자면 그리스도도 그들에게서 나오셨습니다. 그러나 안타깝게도 그들 모두가 하나님의 자녀가 되지는 못했습니다. 육신의 자녀가 하나님의 자녀가 아니요 약속의 자녀가 하나님의 자녀이기 때문입니다. 약속의 자녀는 하나님의 택하심 안에 있습니다. 마치 그들이 태어나기 전에 하나님께서 이미 야곱은 사랑하시고 에서는 미워하신 것과 같습니다. 바울은 이것을 토기장이 비유로 설명합니다. 토기장이는 진흙 한 덩이로 귀히 쓸 그릇을 만들 수도 있고 천히 쓸 그릇을 만들 수도 있습니다. 그것은 그의 권한입니다. 마치 그런 것처럼 하나님은 긍휼히 여길 자를 긍휼히 여기실 권한이 있습니다. 그러므로 하나님은 유대인도 부르시고 이방인도 부르십니다. 그것은 하나님의 권한입니다. 누구도 하나님께 뭐라 할 수 없습니다. 하나님의 긍휼로 구원받은 자들은 하나님께 감사를 드리는 것 외에 할 수 있는 바가 없습니다. 모든 것은 진정으로 하나님의 주권 안에 있습니다. 누군가에게 이것은 걸림돌과 거치는 바위가 될 것이지만 누군가에게 이것은 큰 은혜가 될 것입니다.

8월 August 20

사무엘상12장 • 로마서10장 • 예레미야49장 • 시편26-27편

사무엘상 12장은 사무엘의 마지막 설교입니다. 백성들이 원하는 대로 사울을 왕으로 삼은 후 사무엘은 마지막 설교를 합니다. 책망과 권면의 설교입니다. 사무엘은 먼저 하나님께서 참으로 신실하게 이스라엘을 돌보셨음을 상기시킵니다. 하나님은 이스라엘을 애굽 땅에서 인도해 내셨고 범죄한 이스라엘이 고통 속에 부르짖으면 항상 도와주셨습니다. 하나님은 당신의 백성을 위해 항상 친절하게 능력을 베풀어 주셨습니다. 그러나 이스라엘은 그런 하나님을 외면하고 다른 나라와 같이 인간 왕을 원했습니다. 하나님은 그들의 소원대로 왕을 세워 주셨지만 이제 그 왕이 하나님을 따르지 않으면 치실 것입니다. 사실 이스라엘이 왕을 구한 일은 여호와의 눈앞에서 큰 죄를 범한 것입니다. 이것을 확증하시기 위해 하나님은 우레와 비를 보내셨습니다. 두려워하는 백성들에게 사무엘은 다음과 같이 권면합니다. "너희는 여호와께서 너희를 위하여 행하신 그 큰일을 생각하여 오직 그를 경외하며 너희의 마음을 다하여 진실히 섬기라"(24절). 이스라엘이 큰 죄를 범했지만 하나님께서는 그들의 소원을 들어주셨습니다. 그러므로 이제 이스라엘 백성들은 마음을 다해 하나님을 섬겨야 합니다.

시편 26편과 **시편 27편**은 하나님을 진실히 섬기는 다윗의 노래입니다. 여기에 마음을 다하여 하나님을 진실히 섬기는 왕이 있습니다. 다윗입니다. 다윗은 하나님의 마음을 의지했습니다. 주의 진리 가운데 행하였습니다. 허망한 사람과 간사한 사람을 멀리했습니다. 하나님께서 머무시는 곳을 사모했습니다. 그는 하나님을 빛이요 구원으로 여겼습니다. 그가 하나님께 바라는 것은 이것입니다. "내가 여호와께 바라는 한 가지 일 그것을

구하리니 곧 내가 내 평생에 여호와의 집에 살면서 여호와의 아름다움을 바라보며 그의 성전에서 사모하는 것이라"(27:4). 다윗은 정말로 마음을 다하여 하나님을 진실히 섬겼습니다.

예레미야 49장은 이방 국가들을 향한 하나님의 심판 선언입니다. 가장 먼저 암몬이 심판 선언을 받습니다. 골짜기를 자랑하고 재물을 의뢰하였기 때문입니다. 에돔도 심판 선언을 받습니다. 에돔 역시 마음의 교만이 있었습니다. 다메섹도 수치를 당할 것이고 게달과 하솔, 그리고 엘람도 파괴될 것입니다. 예루살렘의 멸망을 즐거워하고 조롱하던 그들이 모두 하나님께서 일으키신 바벨론에게 심판을 당할 것입니다. 하나님에 대해 교만한 자들은 모두 심판을 받습니다.

로마서 10장에는 이스라엘 민족이 구원받기를 원하는 바울의 마음이 보입니다. 바울은 자기 마음에 원하는 바와 하나님께 구하는 바가 있다고 말합니다. 이스라엘이 구원을 받는 것입니다. 그들은 하나님께 열심이 있었습니다. 그러나 그것은 참된 지식을 따른 것이 아니었습니다. 그래서 "하나님의 의를 모르고 자기 의를 세우려고 힘써 하나님의 의에 복종하지"(3절) 않는 자가 되었습니다. 그리스도는 모든 믿는 자에게 의를 이루기 위하여 율법이 마침이 되셨습니다(4절). 그러므로 입으로 예수님을 주로 시인하고 하나님께서 그분을 죽은 자 가운데서 살리신 것을 마음으로 믿으면 구원을 받습니다(9절). 유대인이나 헬라인이나 차별이 없습니다. 누구든지 주를 부르는 자는 구원을 받습니다(13절). 믿기 위해 듣고 듣기 위해 전파해야 하는데 이스라엘은 전파된 말씀을 듣지 않았습니다. 들어야 합니다. 말씀이 들릴 때 들어야 합니다. 복음에 순종해야 합니다. 마음으로 믿고 입으로 시인해야 합니다. 그것 외에 구원을 얻을 수 있는 다른 방식은 없습니다.

8월 August 21

사무엘상13장 • 로마서11장 • 예레미야50장 • 시편28-29편

사무엘상 13장은 사울의 실패를 말합니다. 당시 최대의 적 블레셋과 사울이 맞붙습니다. 사울은 군대를 모집하고 사무엘을 기다립니다. 그런데 사무엘이 정한 기한에 오지 않았습니다. 사무엘이 지체하는 동안 백성들이 흩어지기 시작했고 사울은 마음이 급해져 사무엘을 대신하여 번제를 드렸습니다. 하나님을 믿고 의지하기보다는 자기의 방식을 신뢰한 것입니다. 사울은 나름대로 변명했지만 사무엘은 단호했습니다. 하나님께서 그를 버리시고 하나님 마음에 합한 자를 새 왕으로 삼으실 것이라고 말합니다. 이스라엘은 처음부터 자기의 힘으로 승리를 거두지 않았습니다. 출애굽을 할 때도 자기 힘으로 하지 않았습니다. 광야를 통과할 때도 자기 힘으로 하지 않았습니다. 가나안을 정복할 때도 자기 힘으로 하지 않았습니다. 이방 국가와 싸울 때도 자기 힘으로 하지 않았습니다. 하나님의 능력으로 구원을 얻었고 승리를 얻었으며 성공을 얻었습니다. 왕은 그 누구보다 이것을 확실히 알아야 했습니다. 그런데 사울은 자기 힘으로 승리를 거둘 수 있다는 착각을 한 것입니다. 하나님을 무시하고 오직 군사력으로 블레셋과 싸우려고 한 사울을 하나님은 왕으로 인정하지 않으셨습니다.

시편 28편과 **시편 29편**은 자신의 무력을 인정하고 하나님의 힘을 높여 찬양하는 다윗의 간구입니다. 다윗은 하나님께서 계시지 않는 자기 인생이 얼마나 무력한지를 잘 알고 있었습니다. 그래서 항상 하나님께 부르짖었습니다. 하나님을 반석이요 방패로 의지하였습니다. 하나님은 당신의 백성을 구원하시고 목자가 되어 인도하심을 믿었습니다. 그래서 능하신 하나님을 늘 찬양했습니다. 힘 있는 하나님을 언제나 노래했습니다. 그분께 경배를 드렸습니다. "여호와께서 자기 백성에게 힘을 주심이여 여호와께서 자기 백성에게 평강의 복을 주시리로다"(29:11).

예레미야 50장은 바벨론을 향한 하나님의 심판 선언입니다. 지금까지 하나님은 이방 국가를 심판하실 때 바벨론을 사용하겠다고 말씀하셨습니다. 그러나 그것은 바벨론이 잘나서 그렇게 하신 것이 아닙니다. 바벨론도 하나님께서 쓰시는 막대기일 뿐입니다. 이제 하나님의 심판은 바벨론을 향합니다. 바벨론도 결국 하나님께서 일으키시는 새로운 나라에게 멸망을 당하게 될 것입니다. 마치 북이스라엘을 멸망시킨 앗수르를 바벨론으로 멸망시키신 것처럼 이제는 바벨론에게도 동일하게 역사하실 것입니다. 역사의 주인은 강대국이 아니라 오직 하나님이십니다. 그리고 하나님은 당신의 백성을 다시 일으키실 것입니다. 그리고 그들을 용서하실 것입니다. 하나님은 심판과 구원을 당신의 주권 속에서 결정하시고 성취하십니다. 이 위대하신 하나님께 마음을 다하여 진실히 섬깁시다.

로마서 11장은 하나님의 주권을 말합니다. "만물이 주에게서 나오고 주로 말미암고 주에게로 돌아감이라"(36절). 바울은 계속해서 이스라엘 민족을 향한 하나님의 구원을 말합니다. 이스라엘은 듣기를 거절하고 복음에 순종하지 않았습니다. 그렇다면 하나님은 이스라엘을 버리신 걸까요? 바울은 그렇지 않다고 말합니다. 일단 본인이 이스라엘 사람입니다. 하나님은 은혜로우셔서 항상 택하신 자들을 남겨 놓으십니다. 하나님의 섭리는 신비로워서 이스라엘의 넘어짐이 이방인의 구원으로 연결되도록 만들어 놓으셨습니다. 그렇다고 하여 이방인들이 자랑할 것도 없습니다. 이방인들은 참 감람나무에 접붙임이 된 존재입니다. 그러나 마음을 높여서는 안 되는데 하나님께서 원가지를 꺾어 버리셨다면 접붙임된 가지도 얼마든지 꺾어 버리실 것이기 때문입니다. 결론은 하나입니다. 사람은 하나님의 신비로운 섭리를 온전히 알 수 없다는 것입니다. 우리는 그저 우리가 얻은 구원에 감사할 뿐입니다. 그리고 하나님의 깊은 지혜와 지식을 높일 뿐입니다. 그분께 영광이 세세토록 있을지어다. 아멘.

8월 August 22

사무엘상14장 • 로마서12장 • 예레미야51장 • 시편30편

사무엘상 14장은 블레셋과의 전투를 묘사합니다. 본문은 사울과 요나단을 대조합니다. 사울은 이미 왕의 역할을 못하고 있습니다. 그에 비해 요나단은 용감합니다. 하나님을 믿고 의지합니다. "우리가 이 할례 받지 않은 자들에게로 건너가자 여호와께서 우리를 위하여 일하실까 하노라 여호와의 구원은 사람이 많고 적음에 달리지 아니하였느니라"(6절). 블레셋 진영으로 넘어간 요나단이 승리합니다. 덕분에 이스라엘 본진까지 승리를 거둡니다. 반면에 사울은 총기를 잃어 갑니다. 배고픈 군사들을 고려하지 않고 어리석은 명령을 내립니다. "내 원수에게 보복하는 때까지 아무 음식물이든지 먹는 사람은 저주를 받을"(24절) 것이라고 말합니다. 어리석은 이 명령으로 큰 공을 세운 요나단이 죽을 위기에 처합니다. 백성들이 만류하여 요나단은 살아나지만 사울은 자기 명령을 스스로 깨는 짓을 하게 됩니다. 본문의 후반부는 사울의 업적을 요약합니다. 마치 왕의 사후를 정리하는 듯합니다. 이것은 사울의 통치가 이미 끝났음을 암시합니다.

시편 30편은 하나님을 높이는 다윗의 노래입니다. 다윗의 마음은 하나님을 향해 뜨겁습니다. 그는 하나님께서 자기를 도와주신다는 확신이 있었습니다. "여호와 내 하나님이여 내가 주께 부르짖으매 나를 고치셨나이다"(2절). 때로 그는 교만했습니다. 형통할 때 자신만만해했습니다. 자신의 노력으로 얻은 형통으로 착각한 것입니다. 그러나 하나님께서 얼굴을 가리시자 크게 놀라 부르짖었습니다. 하나님께서 도우시지 않으면 모든 것이 무너짐을 경험했습니다. 다행히 주께서 은혜를 베푸셔서 슬픔이 춤이 되고 베옷이 기쁨의 띠가 되었습니다. 다윗도 완전하지 않은 인생이었지

만 그가 사울과 달랐던 점은 하나님께 회개하고 돌아왔다는 것입니다.

예레미야 51장은 바벨론에게 보복하시는 하나님을 말합니다. 앞선 본문에 이어 바벨론의 멸망을 예언합니다. 바벨론은 하나님으로 말미암아 일어난 나라입니다. 비록 빠른 시간에 강력한 제국이 되었지만 하나님께 언제든지 멸망당할 수 있습니다. 실제로 하나님은 바벨론의 그 잔악한 행위에 대해 반드시 보복하겠다고 선언하십니다. 하나님은 사람들이 만든 우상과는 다릅니다. 땅과 세계와 하늘을 만드셨고 구름과 비와 번개를 일으키시는 분입니다. 하나님은 이 땅에 당신의 뜻을 이루십니다. 바벨론 멸망을 예언하는 이 말씀은 책에 기록되어 바벨론에 전달됩니다. 하나님보다 큰 것은 이 땅에 없습니다. 오직 하나님만 만왕의 왕이 되십니다.

로마서 12장은 그리스도인의 삶을 교훈합니다. 우리는 그리스도와 한 몸이 되었습니다. 그러므로 우리의 몸을 하나님께서 기뻐하시는 거룩한 산 제물로 드려야 합니다. 그러기 위해 하나님의 뜻을 분별해야 합니다. 먼저는 그리스도 안에서 지체끼리 한 몸이 되어 가야 합니다. 형제를 사랑해야 하고 서로 우애하며 서로 존경해야 합니다. 악을 미워하고 환난 중에 참으며 기도에 힘써야 합니다. 교만을 버려야 합니다. 가능한 모든 사람과 더불어 화목해야 합니다. 악을 악으로 갚지 않도록 해야 합니다.

사무엘상 15장은 사울의 실패를 한 번 더 다룹니다. 사무엘이 하나님의 말씀을 전합니다. 아말렉을 완전히 진멸하라는 명령이었습니다. 이스라엘이 애굽에서 나올 때에 길에서 대적한 일 때문입니다. 사울이 승리를 거둡니다. 그러나 그는 하나님께서 명령하신 대로 하지 않습니다. 아말렉 왕을 살려 두고 재물을 가지고 나왔습니다. 하나님의 말씀을 우습게 여긴 것입니다. 하나님께서 진노하십니다. 사무엘은 사울을 강하게 질책합니다. 순종이 제사보다 낫다며 이렇게 말합니다. "왕이 여호와의 말씀을 버렸으므로 여호와께서도 왕을 버려 왕이 되지 못하게 하셨나이다"(23절). 그제서야 사울이 두려워하여 떠나는 사무엘을 붙잡고 늘어집니다. 그러나 하나님은 뜻을 돌이키지 않으십니다. 이것은 사울과 사무엘의 마지막 만남이 됩니다. 사무엘상은 하나님의 말씀을 우습게 여기는 제사장 이야기로 시작했습니다. 엘리 제사장은 하나님의 말씀에 순종하지 않았습니다. 결국 그의 가족은 몰락합니다. 이제는 하나님의 말씀을 우습게 여기고 순종하지 않는 왕이 나타납니다. 결국 이 가족도 몰락을 경험하게 될 것입니다. 하나님을 믿는 것과 하나님의 말씀을 귀히 여기는 것은 매우 긴밀하게 연결되어 있습니다. 하나님을 믿으면서 하나님의 말씀을 우습게 여길 수는 없습니다.

시편 31편은 하나님을 귀히 여기는 다윗의 기도입니다. 그는 하나님께서 어떤 분이신지 알았습니다. "주를 두려워하는 자를 위하여 쌓아 두신 은혜 곧 주께 피하는 자를 위하여 인생 앞에 베푸신 은혜가 어찌 그리 큰지요"(19절). 하나님은 당신을 귀히 여기는 자에게 은혜를 베푸십니다. 그래서 다윗은 평생 동안 하나님께 간구하며 삽니다. 하나님을 찬양하며 삽니다. 하나님께 순종하며 삽니다. 특히 고통 중에 하나님께 나아갑니다.

하나님께서 도우시고 구원하실 것을 알았기 때문입니다. 다윗에게 하나님은 견고한 바위요 반석이요 산성이셨습니다. 그는 마음을 담아 이렇게 권면합니다. "너희 모든 성도들아 여호와를 사랑하라 여호와께서 진실한 자를 보호하시고 교만하게 행하는 자에게 엄중히 갚으시느니라"(23절).

예레미야 52장은 예루살렘의 멸망을 묘사하고 다윗 왕조의 지속을 암시합니다. 유다의 마지막 왕 시드기야가 바벨론 왕을 배신합니다. 느부갓네살이 군대를 이끌고 쳐들어옵니다. 포위 작전을 시도하여 승리를 거둡니다. 시드기야는 도망을 가다가 잡혀서 눈이 뽑히고 죽는 날까지 감옥에 갇힙니다. 이 모든 일의 이유는 하나님께서 예레미야를 통해 전한 말씀을 듣지 않았기 때문입니다. 성전과 왕궁과 고관들의 집이 불탑니다. 성전의 기구들이 약탈을 당합니다. 사람들은 여러 번 포로로 끌려갑니다. 지도자들은 죽임을 당합니다. 완전히 망해 버린 것입니다. 본문은 예루살렘의 완전한 멸망을 묘사하는 것으로 끝나지 않습니다. 포로로 끌려갔던 여호야긴이 바벨론에서 대접을 받으며 생존하고 있다는 소식으로 끝납니다. 예루살렘은 망했지만 다윗 왕조는 완전히 끝장나지 않았습니다. 하나님께서 다윗과의 약속을 기억하면서 그를 보호하고 계십니다.

로마서 13장은 그리스도인의 삶을 계속하여 가르칩니다. 특히 세상 권세와의 관계를 말합니다. 그리스도인은 권세들에게 복종해야 합니다. 모든 권세는 하나님께서 정하신 것입니다. 그들은 일종의 사역자입니다. "그는 하나님의 사역자가 되어 … 악을 행하는 자에게 진노하심을 따라 보응하는 자니라"(4절). 세금도 성실하게 납부해야 합니다. 또한 이웃을 사랑해야 합니다. 십계명에 있는 이웃 사랑의 계명에 충실해야 합니다. 사랑은 율법의 완성이기 때문입니다. 무엇보다 종말이 다가오고 있음을 알고 깨어 근신해야 합니다. 단정히 행하고 음란한 언행을 해서는 안 됩니다. "오직 주 예수 그리스도로 옷 입고 정욕을 위하여 육신의 일을 도모하지 말지니라"(14절).

8월 August 24

사무엘상16장 • 로마서14장 • 예레미야애가1장 • 시편32편

사무엘상 16장은 기름 부음을 받는 다윗 이야기가 중심입니다. 하나님은 사울을 버리셨습니다. 그리고 슬퍼하는 사무엘에게 새로운 왕을 세우겠다고 말씀하십니다. 이새의 아들들이 뽑힙니다. 일곱 아들을 모두 살펴보는데 하나님은 외모가 아니라 중심을 보신다 하시며 그들을 모두 탈락시키십니다. 사무엘이 이새에게 묻습니다. “네 아들들이 다 여기 있느냐”(11절). 양을 지키는 막내가 남았다는 말에 그를 데려오라고 명합니다. 다윗이 등장합니다. 하나님의 말씀을 따라 그에게 기름을 붓습니다. 하나님의 영이 다윗에게 임합니다. 반면에 사울에게서는 하나님의 영이 떠납니다. 그 자리를 악령이 차지합니다. 악령 탓에 고뇌하는 사울에게 신하들이 수금을 잘 타는 다윗을 추천합니다. 다윗이 왕궁으로 진출하게 된 것입니다. 이제 이 왕궁은 새로운 왕을 맞이하게 되었습니다. 물론 아직은 독자들만 아는 왕입니다.

시편 32편은 하나님의 은혜와 용서를 맛본 자의 노래입니다. 다윗은 누가 복을 누리는지를 알리고 시를 시작합니다. “허물의 사함을 받고 자신의 죄가 가려진 자는 복이 있도다”(1절). 사울 왕을 보십시오. 죄 용서를 받지 못한 자의 삶이 얼마나 곤고합니까? 다윗도 그것을 경험했습니다. 뼈가 쇠하고 진액이 빠져서 여름 가뭄에 마름같이 되었다고 고백합니다. 반면에 죄를 고백하고 용서받은 자는 구원의 노래를 부를 수 있습니다. 그러므로 경건한 자들은 주를 만날 기회를 얻어서 주께 기도해야 합니다. 하나님께서 그의 마음을 주장하실 것입니다. “악인에게는 많은 슬픔이 있으나 여호와를 신뢰하는 자에게는 인자하심이 두르리로다”(10절). 죄를 지은 것보다 더 심각한 죄는 하나님의 긍휼하심을 믿지 못하고 돌이키지 않는 것입니다.

예레미야 애가 1장은 예레미야의 탄식입니다. 예레미야는 예루살렘의 곤고한 상황을 보며 슬퍼합니다. 예전에는 사람들이 참 많았는데 이제는 적막합니다. 많은 사람들이 사로잡혀 갔기 때문입니다. 영광이 예루살렘을 떠났습니다. 친구들도 다 배반하였습니다. 예레미야는 이 절망스러운 상황을 보며 깊은 슬픔에 잠깁니다. 비록 이것이 하나님의 공의로운 심판임을 알고는 있었지만 눈물을 참을 수가 없었습니다. 본문은 범죄한 자들이 얻게 되는 참혹한 결과를 적나라하게 묘사합니다. 황폐함과 적막함만이 남은 예루살렘 도성과 그곳에서 슬피 우는 사람들을 보고합니다. 죄는 인생의 모든 것을 망가뜨립니다.

로마서 14장은 그리스도인의 삶을 계속하여 가르칩니다. 그리스도인은 형제의 연약함을 받아 줄 수 있어야 합니다. 사람마다 믿음의 차이가 있을 수 있습니다. 누군가는 잘 무장된 신학 지식으로 거리낌이 없을 수 있지만 누군가는 여러 가지 이유로 시험에 들 수도 있습니다. 그럴 때는 잘난 척을 하기보다 약한 자를 힘써 받아 주어야 합니다. 그리스도께서 바로 그 약한 자를 위하여 죽으셨기 때문입니다. 우리는 살아도 주를 위하여 살고 죽어도 주를 위하여 죽는 자리에 있음을 잊지 마십시오. 그러므로 우리는 화평의 일과 서로 덕을 세우는 일에 힘쓰고 서로 거리낌이 될 만한 행동을 하지 않아야 합니다.

8월 August **25**

사무엘상17장 • 로마서15장 • 예레미야애가2장 • 시편33편

사무엘상 17장은 다윗이 골리앗을 이기는 장면입니다. 블레셋 사람들이 또 몰려옵니다. 사울도 군사를 모집하여 대항합니다. 그런데 문제가 생겼습니다. 블레셋 쪽에 골리앗이라는 강력한 병사가 나타난 것입니다. 사울과 그의 군사들은 모두 그의 기세에 눌렸습니다. 이 전쟁에는 이새의 세 아들도 참전했습니다. 다윗이 형들에게 음식을 가져다주기 위해 이곳에 옵니다. 그때 골리앗이 또 한바탕 떠들어 댑니다. 모두가 두려워하는 중에 다윗은 분노합니다. "이 할례 받지 않은 블레셋 사람이 누구이기에 살아계시는 하나님의 군대를 모욕하겠느냐"(26절). 다윗은 홀로 하나님의 마음으로 분노합니다. 다윗이 물매를 가지고 골리앗에게로 갑니다. "너는 칼과 창과 단창으로 내게 나아오거니와 나는 만군의 여호와의 이름 곧 네가 모욕하는 이스라엘 군대의 하나님의 이름으로 네게 나아가노라"(45절). 다윗이 골리앗을 이깁니다. 성도는 강함으로 이기는 것이 아닙니다. 강하신 하나님을 의지함으로 이기는 것입니다.

시편 33편은 강하신 하나님을 의지하는 다윗의 노래입니다. 다윗의 마음은 한결같이 하나님께 기울어져 있습니다. 그는 하나님을 찬양하고 높입니다. 그리고 의지합니다. 하나님께서 어떤 분이신지를 잘 알고 있기 때문입니다. 하나님의 말씀은 정직합니다. 하나님은 공의와 정의를 사랑하십니다. 하나님의 인자하심은 충만합니다. 그분은 말씀으로 온 세상을 지으셨고 다스리십니다. 지금도 나라를 폐하기도 하시고 일으키기도 하십니다. 하나님의 계획만 이 땅에 영원히 섭니다. 그러므로 "여호와를 자기 하나님으로 삼은 나라 곧 하나님의 기업으로 선택된 백성은 복이 있"습니다(12절). 이렇게 강하고 정의롭고 전능하신 하나님을 의지하지 않으면 누구를 의지할 수 있겠습니까? 강할 때 이기는 것이 아니라 강하신 하나님

을 의지할 때 이긴다는 것을 확실히 알고 있습니다. "많은 군대로 구원 얻은 왕이 없으며 용사가 힘이 세어도 스스로 구원하지 못하는도다 구원하는 데에 군마는 헛되며 군대가 많다 하여도 능히 구하지 못하는도다"(16–17절). 하나님은 자기를 의지하고 바라는 자를 돌보십니다.

예레미야 애가 2장은 하나님의 진노가 얼마나 큰지를 말합니다. 예레미야는 유다와 예루살렘의 완전한 패망을 보며 하나님의 진노가 참으로 크다고 말합니다. 맹렬한 진노로 이스라엘의 모든 뿔을 자르고 맹렬한 불로 야곱을 불살랐다고 말합니다(3절). 심지어 하나님께서 이스라엘을 원수와 같이 대하셨다고 말합니다. 왕과 제사장을 멸시하셨고 당신의 성소를 미워하셨으며 선지자들에게는 묵시를 주지 않으셨습니다. 세상에서 가장 미워하는 사람을 대하듯이 이스라엘을 대하신 것입니다. 그 참담한 상황을 보며 예레미야는 창자가 끊어지고 간이 쏟아질 만큼 슬퍼합니다. 본문을 통해 우리는 하나님께서 죄를 얼마나 미워하시는지 알아야 합니다. 그럴 때 우리가 당해야 할 죄의 대가가 얼마나 큰지를 알 수 있고, 우리 대신에 십자가에서 죽으신 그리스도의 은혜가 얼마나 놀라운지를 알 수 있습니다.

로마서 15장은 그리스도인의 삶을 계속해서 가르칩니다. 믿음이 강한 자는 마땅히 믿음이 약한 자의 약점을 담당해야 합니다. 그리스도인은 자기를 기쁘게 하는 자가 아닙니다. 선을 이루고 덕을 세워서 이웃을 기쁘게 하는 자입니다. 우리 주 예수 그리스도께서 그렇게 하셨기 때문입니다. "그리스도께서 우리를 받아 하나님께 영광을 돌리심과 같이 너희도 서로 받으라"(7절). 우리가 강해서 구원을 받은 것이 아닙니다. 우리가 연약할 때에 그리스도께서 우리를 위하여 죽으심으로 구원을 받게 된 것입니다. 우리의 정체성이 그리스도 안에 있는 은혜로부터 시작되었음을 안다면, 우리는 기꺼이 연약한 자를 받을 수 있습니다. 이제 바울은 편지를 마무리합니다. 이 편지를 쓰게 된 이유와 로마 방문 계획을 밝힙니다.

8월 August 26

사무엘상18장 • 로마서16장 • 예레미야애가3장 • 시편34편

사무엘상 18장은 사울이 다윗을 질투하기 시작하는 이야기입니다. 사울의 아들 요나단과 다윗이 단짝 친구가 됩니다. 아들 요나단과는 달리 사울은 다윗을 질투합니다. 백성들이 자기보다 다윗을 더 칭송하는 것이 마음에 안 들었기 때문입니다. 자기를 위하여 수금을 타고 있는 다윗을 향해 창을 던지기도 했습니다. 질투에 눈이 먼 사울은 다윗을 죽이려고 꾀를 냅니다. 사위를 삼아 줄 테니 블레셋 사람들의 포피 백 개를 가져오라고 합니다. 자기 손에는 피를 묻히지 않겠다는 심산입니다. 그러나 사울의 바람과는 달리 다윗은 거뜬히 블레셋 사람을 쳐부숩니다. 본문은 사람들이 다윗을 사랑했다는 말을 반복합니다. 사울의 아들 요나단이 다윗을 사랑합니다. 사울의 딸 미갈도 다윗을 사랑합니다. 온 이스라엘과 유다가 다윗을 사랑합니다. 사울이 여전히 왕의 자리를 차지하고는 있었지만 실질적으로 다윗이 왕과 같은 대접을 받고 있는 것입니다. 본문은 그 이유를 다음과 같이 말합니다. "여호와께서 그와 함께 계시니라"(14절). 하나님께서 함께하시는 자는 형통합니다. 사랑을 받습니다. 복을 얻습니다.

시편 34편은 다윗이 아비멜렉 앞에서 미친 체하다가 쫓겨나서 지은 시입니다. 다윗이 인생에서 가장 어둔 시기에 만든 시입니다. 그럼에도 불구하고 시는 전체적으로 활기찹니다. 다윗은 하나님의 이름을 높이고 있습니다. 인간적으로는 참 부끄럽고 수치스러운 일을 겪었지만 이 모든 사건에 하나님께서 은혜로 개입하고 계심을 알았기 때문입니다. "너희는 여호와의 선하심을 맛보아 알지어다 그에게 피하는 자는 복이 있도다"(8절). 다윗은 확신이 있었습니다. 하나님은 당신을 바라는 자를 구원하신다는 확신 말입니다. 그리고 그것을 맛보았습니다. 체험했습니다. 그렇기에 암울

한 상황 속에서도 마음에는 기쁨이 있었던 것입니다. 하나님은 악인을 징계하시고 의인을 구원하십니다.

예레미야 애가 3장은 소망을 말합니다. 한 사람이 등장합니다. 그는 여호와의 분노의 매로 말미암아 고난당한 자입니다(1절). 그는 하나님께서 자기를 이끄셔서 어둠 안에서 걸어가게 하시고 손을 드셔서 자주자주 치신다고 고백합니다. 하나님께 도움을 간구하지만 하나님께서 그 간구를 물리치시며 길들을 막으시고 조롱거리가 되게 하신다고 말합니다. 그는 절망합니다. "나의 힘과 여호와께 대한 내 소망이 끊어졌다 하였도다"(18절). 그러나 마음속에 극적인 반전이 일어납니다. 소망이 생깁니다. 하나님의 성품이 근거입니다. 하나님은 인자와 긍휼이 무궁하십니다. 당신을 바라는 자들에게 선하십니다. 당신의 백성을 영원히 버리지 않으십니다. "주께서 인생으로 고생하게 하시며 근심하게 하심은 본심이 아니시로다"(33절). 그러므로 이제 사람이 할 수 있는 일은 한 가지입니다. 회개하고 하나님께로 돌아가는 것입니다. 하나님께 용서를 구하고 정의가 실현되기를 간구하는 것입니다. "우리가 스스로 우리의 행위를 조사하고 여호와께로 돌아가자"(40절). 죄로 말미암아 고난의 길을 만났을 때 우리가 하나님 앞에서 취할 수 있는 유일한 태도입니다.

로마서 16장은 마지막 인사입니다. 바울은 로마교회에 보내는 편지를 인사로 마무리합니다. 많은 사람들의 실명이 언급되고 있다는 점이 인상적입니다. 먼저는 '너희는 문안하라'라고 말하면서 로마교회에 여러 사람들을 소개합니다. 다음에는 '너희에게 문안하노라'라고 말하면서 로마교회 사람들에게 안부를 전합니다. 서로 다른 교회에 속해 있지만 모든 교회는 한 몸입니다. 그러므로 교회는 서로 문안해야 합니다. "너희가 거룩하게 입맞춤으로 서로 문안하라 그리스도의 모든 교회가 다 너희에게 문안하느니라"(16절).

사무엘상 19장은 사울이 본격적으로 다윗을 죽이려고 시도하는 이야기입니다. 사울이 요나단과 모든 신하에게 다윗을 죽이라고 명령합니다. 요나단이 아버지의 계획을 다윗에게 알립니다. 사울이 다시 한 번 다윗을 죽이기 위해 전령들을 보냅니다. 이번에는 사울의 딸 미갈이 다윗을 피신시킵니다. 다윗은 사무엘이 있는 라마 나욧으로 도망갑니다. 다윗이 그곳에 있다는 소식을 들은 사울은 전령들을 세 번이나 보내지만 번번이 실패합니다. 자신이 직접 갔을 때도 실패하고 맙니다. 사울은 다윗을 죽이고자 하지만 다윗은 다른 이들의 도움으로 위기를 넘깁니다. 본문은 하나님의 영이 다윗을 돕는 장면을 여러 번 기록합니다. 하나님의 뜻대로 살아가는 사람은 그렇지 못한 사람에게 미움을 받습니다. 그럴 때 많은 위기를 겪기도 합니다. 그러나 하나님은 사람을 통하여, 또는 직접 일하심으로 하나님의 사람을 지키십니다. 하나님의 뜻대로 사는 것이 중요합니다. 나머지는 하나님께서 다 하십니다.

시편 35편은 하나님께서 지켜 주시기를 간청하는 기도입니다. 다윗은 까닭 없이 자기를 잡으려고 하고 까닭 없이 생명을 해하려고 하는 사람들로 말미암아 위기를 겪습니다. 그들은 부당한 원수였습니다. 이유 없이 미워하는 사람들이었습니다. 부당하게 조롱하는 사람들이었습니다. 심지어 선을 악으로 갚는 사람들도 있었습니다. 하나님의 뜻대로 살다 보면 종종 이런 사람들을 만납니다. 다윗은 이 모든 위기에서 하나님께서 자기를 위하여 싸워 주시기를 간청합니다. "여호와여 나와 다투는 자와 다투시고 나와 싸우는 자와 싸우소서"(1절). 하나님이 아니면 이 위기에서 벗어날 길이 없기 때문입니다. 부당한 위기에 처했을 때 가장 먼저 할 일은 기도입니다. 하나님은 억울한 자와 원통한 자를 위해 기꺼이 일하십니다.

예레미야 애가 4장은 멸망당한 예루살렘의 비참한 상태를 묘사합니다. 순금 그릇이 질항아리가 되었고 젖먹이가 목말라서 혀가 입천장에 붙었습니다. 어린아이들이 떡을 구하지만 떼어 줄 사람은 없었습니다. 고귀한 자들이 거름더미 위에 앉았습니다. 깨끗하고 빛이 났던 존귀한 자들이 이제는 더럽고 말라 비틀어졌습니다. 다음의 말은 예루살렘 성안이 얼마나 비참했는지를 잘 보여 줍니다. "딸 내 백성이 멸망할 때에 자비로운 부녀들이 자기들의 손으로 자기들의 자녀를 삶아 먹었도다"(10절). 이토록 비참한 지경까지 오게 된 것은 그들의 죄가 너무나도 컸기 때문입니다. 소돔의 죄악보다 무거웠다고 말합니다. 선지자들의 죄와 제사장들의 죄악들 때문이라고 말합니다. 그때까지도 그들은 헛된 도움을 바라고 있었습니다. 구원할 능력이 없는 나라를 바라보고 바라보았습니다. 결국 하나님의 맹렬한 진노로 예루살렘은 파괴를 당하고 말았습니다. 죄로 말미암은 심판이 얼마나 무서운지 상상해 보십시오. 그러나 본문은 절망으로 끝나지 않습니다. 죄악의 형벌이 다하였고 주께서 다시는 사로잡혀 가지 않게 하실 것이라고 말합니다. 하나님께서 당신의 손 안에 은혜를 가득 들고 새로운 일을 시작하셨기 때문입니다. 사람의 끝은 절망이지만 하나님의 시작은 소망입니다.

고린도전서 1장은 하나님의 지혜 곧 그리스도의 십자가를 전합니다. 고린도교회는 심각한 분쟁에 시달리고 있었습니다. 교인들이 서로 당파를 나누어 싸우고 있었습니다. 서로 누가 잘났는지 싸운 것입니다. 바울은 그들에게 하나님의 지혜 곧 그리스도의 십자가가 어떤 의미인지를 설명합니다. 하나님은 지혜롭거나 능력이 많거나 집안이 좋은 것을 보고 사람을 택하시지 않았습니다. 그런 것은 하나님께 아무런 의미가 없습니다. 오히려 하나님은 미련하고 약하고 천하고 멸시받고 없는 자들을 택하셨습니다. 그 어떤 사람도 하나님 앞에서 자랑하지 못하게 하시기 위해 그렇게 하셨습니다. 우리는 우리를 자랑할 근거를 잃은 사람들입니다. 우리는 오직 그리스도만 자랑할 수 있습니다.

사무엘상 20장은 다윗을 구해 주는 요나단의 이야기입니다. 다윗은 자기가 왜 사울의 미움을 받았는지 모릅니다. 답답한 마음에 요나단을 찾습니다. 그리고 왜 너의 아버지가 나를 죽이려 하느냐고 묻습니다. 요나단은 그럴 리가 없다고 답하지만 다윗은 틀림없다고 말합니다. 사울의 진심을 확인하기 위하여 다윗과 요나단이 작전을 짭니다. 초하루가 되었습니다. 왕의 식탁에 다윗이 두 번 모두 오지 않자 사울이 그를 찾습니다. 요나단은 자기가 그를 베들레헴으로 보냈다고 말합니다. 사울은 불같이 화를 내며 그는 죽어야 할 자라고 외칩니다. 그래야만 요나단이 왕위를 차지할 수 있다고 소리칩니다. 요나단은 사울이 다윗을 죽이기로 작정했음을 알고 다윗에게 그 소식을 전합니다. 요나단은 왕위를 탐내지 않습니다. 다윗이 당연히 그 자리에 있어야 한다고 생각합니다. "여호와께서 내 아버지와 함께하신 것같이 너와 함께하시기를 원하노니"(13절). 요나단은 다윗이 왕위에 올랐을 때 자기 가족을 돌봐 달라고 부탁합니다. 그는 하나님의 뜻이 누구에게 있는지 알았던 것입니다.

시편 36편은 악인의 특징과 하나님의 성품을 말합니다. 악인의 눈에는 하나님을 두려워하는 빛이 없다고 합니다. 사울이 그랬습니다. 그의 아들 요나단은 하나님을 두려워함으로 다윗을 인정하고 사랑했습니다. 하지만 사울은 하나님을 두려워하지 않았기 때문에 다윗을 죽이려고 했습니다. 본문에 나오는 악인과 같이 죄악을 꾀하고 스스로 악한 길에 서고 악을 거절하지 않았습니다(4절). 반면에 하나님은 참 인자하십니다. 하나님을 아는 자들은 그 날개 아래에 피하기를 원합니다. 주의 집에 있기를 원합니다. “주를 아는 자들에게 주의 인자하심을 계속 베푸시며 마음이 정직한 자에게 주의 공의를 베푸소서”(10절). 하나님을 두려워하지 않는 사람은 온갖 죄로 말미암아 스스로 망하지만 하나님께 피하는 사람은 그분의 인자하심을 한없이 맛보게 됩니다.

예레미야 애가 5장은 하나님께서 도우시기를 간구하는 기도입니다. 하나님께서 철저히 망하게 하셨습니다. 그러나 또한 하나님만이 소망이십니다. 하나님께서 긍휼히 여기셔야만 모든 것이 제자리로 돌아갈 수 있습니다. 그러므로 지금 상황에서 할 수 있는 것은 한 가지밖에 없습니다. 자기 죄를 토로하고 하나님께 호소하는 것입니다. “여호와여 우리를 주께로 돌이키소서 그리하시면 우리가 주께로 돌아가겠사오니 우리의 날들을 다시 새롭게 하사 옛적 같게 하옵소서”(21절).

고린도전서 2장은 하나님의 지혜를 설명합니다. 믿음은 사람의 지혜에 있는 것이 아니라 하나님의 지혜에 있습니다. 당시 헬라 문화는 지혜를 중요하게 여겼습니다. 지혜는 힘의 일종이었습니다. 사람들은 광장에 나와 변론을 하면서 누구의 지혜가 더 뛰어난지를 겨루었습니다. 그래서 말 잘하는 사람이 높은 대접을 받았습니다. 고린도교회 사람들은 이 문화에 얼마간 영향을 받았습니다. 그러나 복음은 그런 방식으로 전달되지 않습니다. 복음은 오직 성령의 능력 안에서 사람 속으로 들어갑니다. 그러므로 하나님의 지혜는 이 세상의 지혜와는 다릅니다. 이 세상의 지혜는 항상 권력을 추구하고 힘을 추종하며 성공을 향합니다. 하지만 이 세상의 지혜로는 사람에게 믿음을 일으키지 못합니다. 성령만이 그 일을 하십니다. 그래서 이 세상에 속한 사람들에게는 십자가의 복음이 이해가 되지 않습니다. 약하고 하찮아 보이기 때문입니다. 그러나 하나님의 영을 받은 사람은 십자가의 복음을 하나님의 지혜로 받아들입니다. 십자가는 하나님의 지혜입니다.

8월 August 29

사무엘상21-22장 · 고린도전서3장 · 에스겔1장 · 시편37편

사무엘상 21장과 **사무엘상 22장**은 사울에게서 도망 다니는 다윗의 이야기입니다. 다윗은 본격적인 도망자 신세가 됩니다. 놉에 가서 제사장 아히멜렉을 만납니다. 그곳에서 진설병을 얻어먹습니다. 그러다가 가드 왕 아기스에게로 갑니다. 사람들이 의심하자 다윗은 미치광이 연기를 하여 살아남습니다. 다시 그곳을 떠나 아둘람 굴로 갑니다. 그 즈음에 많은 사람들이 다윗을 따릅니다. 환난 당한 자, 빚진 자, 마음이 원통한 자 등입니다. 모압 왕에게 가 있던 다윗에게 선지자 갓은 유다 땅으로 들어가라고 말합니다. 사울은 도망자 다윗을 도왔다는 이유로 아무것도 모르고 있었던 아히멜렉 등 놉에 있는 제사장들을 모두 죽입니다. 사울은 점점 더 하나님과 멀어지고 있습니다. 동시에 왕의 권위도 잃어 가고 있습니다. 본문에서 그의 말을 따르는 자는 에돔 사람 도엑밖에 없습니다. 반면에 다윗은 미약하나마 왕의 모양새를 갖추어 나갑니다. 사백 명의 추종자가 생깁니다. 사울에게서 도망친 제사장이 합류합니다. 비록 지금 다윗은 매우 처량한 신세지만 사실 하나님께서 준비하신 왕의 길을 걷고 있습니다. 하나님의 사람이 걸어갈 길은 하나님께서 준비하십니다. 그에게 요구되는 것은 하나님의 길을 똑바로 걷는 것입니다.

시편 37편은 하나님의 사람을 위한 권고입니다. 다윗은 하나님의 사람이 어떻게 살아야 하는지를 말합니다. 악을 행하는 자들 때문에 불평하지 말아야 합니다. 불의를 행하는 자들이 잘되는 것을 부러워하지 말아야 합니다. 항상 하나님을 의뢰하고 선을 행해야 합니다. 무엇보다 우리가 가는 길을 하나님께 맡겨야 합니다. 그분을 의지하면 그분께서 이루어 주실 것입니다. 얼핏 보면 악한 꾀를 동원해서 사는 자들이 형통하는 것 같습니다. 그러나 그것은 잠시일 뿐입니다. 하나님은 악인의 형통을 비웃으십니

다. “악인의 팔은 부러지나 의인은 여호와께서 붙드시는도다”(17절). 하나님의 사람이 걸어갈 길은 하나님께서 준비하십니다. 그에게 요구되는 것은 하나님의 길을 똑바로 걷는 것입니다.

고린도전서 3장은 하나님의 은혜를 설명합니다. 바울은 당파를 나누어 분쟁하는 것이 하나님의 지혜 곧 그리스도의 십자가와 얼마나 상관이 없는지를 가르칩니다. 사람의 공로는 없습니다. 모든 것은 하나님의 은혜입니다. 바울은 심었고 아볼로는 물을 주었습니다. 하지만 자라게 하시는 분은 하나님이십니다. 우리의 터는 그리스도입니다. 우리의 공적은 불이 나면 다 타버릴 것에 불과합니다. 그러므로 지혜 있는 척하지 말고 하나님의 지혜를 받아들여야 합니다. “주께서 지혜 있는 자들의 생각을 헛것으로 아신다 하셨느니라”(20절).

에스겔 1장은 에스겔이 환상을 보는 장면입니다. 에스겔은 바벨론에 포로로 잡혀 와 있습니다. 그가 환상을 본 장소는 갈대아 땅 그발 강가입니다. 그곳에서 에스겔은 네 생물의 형상을 봅니다. 네 생물의 네 얼굴을 가졌습니다. 사람, 사자, 소, 독수리입니다. 각 피조물의 대표를 상징합니다. 사람은 모든 피조물의 대표입니다. 사자는 맹수의 대표입니다. 소는 가축의 대표입니다. 독수리는 새의 대표입니다. 네 생물은 각각 네 개의 얼굴을 가지고 있었고 네 개의 날개를 가지고 있었습니다. 또한 네 생물을 떠받치는 바퀴가 하나씩 있었습니다. 네 생물은 하나님의 일을 수행하는 천사를 상징합니다. 사방을 볼 수 있고 사방을 갈 수 있으며 사방으로 움직일 수 있습니다. 온 세상 모든 만물을 감찰하실 뿐만 아니라 간섭하심을 뜻합니다. 그 위에 궁창이 열리고 보좌에 앉으신 이가 나타납니다. 에스겔이 엎드려 말씀하시는 이의 음성을 듣습니다. 본문에 등장하는 생물과 하나님은 우리의 상상으로 온전히 그릴 수 없는 존재입니다. 하나님은 사람의 이해와 상상을 초월해 계십니다. 감히 그분의 형상을 그리려 하지 말고, 오직 그가 하시는 말씀에 귀를 기울여야 합니다.

8월 August 30

사무엘상23장 • 고린도전서4장 • 에스겔2장 • 시편38편

사무엘상 23장에는 다윗의 위기가 나옵니다. 블레셋 사람들이 그일라에 쳐들어옵니다. 사람들이 다윗에게 그 일을 알립니다. 다윗은 하나님의 명령을 따라 그일라를 도와주러 갑니다. 사실 이것은 위험한 선택이었습니다. 사울이 다윗을 잡으려고 혈안이 된 상태에서 눈에 띄는 행동을 하는 것이기 때문입니다. 아니나 다를까 사울이 다윗을 소식을 듣고 잡으러 옵니다. 다윗이 사울을 피해 여기저기로 도망 다니다가 십 광야에 숨습니다. 십 사람들이 사울을 찾아와 다윗의 위치를 가르쳐 줍니다. 다윗이 잡힐 위기에 처했을 때 사울은 블레셋이 침략했다는 소식을 듣고 물러갑니다. 본문의 분위기는 아슬아슬합니다. 다윗은 위험한 선택을 하고 밀고자들이 여기저기에서 나옵니다. 사울의 포위망은 점점 좁혀 옵니다. 그러나 자세히 보면, 이 모든 것 위에서 하나님께서 일하고 계심을 알 수 있습니다. 하나님께서 그일라로 가서 싸우라고 말씀하셨고 그일라 사람들이 배신할 것을 알게 하셨으며 때에 맞게 블레셋 사람이 침략하게 하셨습니다. 우리들은 땅의 관점에서 보고 생각할 수밖에 없기에 위기를 위기로만 받아들입니다. 그럴 때는 한숨과 염려가 끊이지 않습니다. 그러나 하늘에 계신 하나님께서 이 모든 것을 통치하신다는 사실을 꼭 기억하십시오. 위기의 순간에도 우리가 아주 망하지 않는 것은 하나님께서 우리를 돌보시기 때문입니다.

시편 38편은 죄를 회개하는 다윗의 기도입니다. 다윗은 큰 위기를 겪고 있습니다. 이 위기는 대적의 공격이나 환경의 위협이 아닙니다. 자기가 저지른 죄 때문입니다. "여호와여 주의 노하심으로 나를 책망하지 마시고 주의 분노하심으로 나를 징계하지 마소서"(1절). 다윗은 죄로 말미암은 고통을 호소합니다. 심적인 고통뿐만 아니라 육체적인 고통까지 왔습니다. 이 위기를 끝낼 수 있는 방법은 한 가지입니다. 하나님께서 응답하시는 것입

니다. 다윗은 회개 기도를 합니다. "내 죄악을 아뢰고 내 죄를 슬퍼함이니이다"(18절). 그리고 자신을 버리지 말아 달라고 하나님께 간절히 호소합니다. 죄에 대해 예민해야 합니다. 죄가 우리의 삶과 정서를 짓누르고 있음을 발견해야 합니다. 그리고 그 죄를 고백하고 용서를 빌어야 합니다. 그렇지 않으면 인생에 큰 위기가 찾아올 수도 있습니다.

고린도전서 4장은 고린도교회를 향한 질책입니다. 초대 교회에서 바울의 사도권은 항상 의심을 받았습니다. 고린도교회에서는 다른 사역자와 비교하면서 바울을 의심했습니다. 그러나 바울은 그리스도의 일꾼이요 그리스도의 비밀을 맡은 자로 흔들리지 않습니다. "너희에게나 다른 사람에게나 판단 받는 것이 내게는 아주 작은 일이라"(3절). 하나님께 이미 의롭다 함을 받았기 때문입니다. 반면에 고린도교회는 상당히 거만해져 있었습니다. 바울은 그들이 이미 왕이 되었다고 말합니다. 그러나 바울은 그들을 부끄럽게 하기보다 자녀와 같이 권하려 합니다. 그리스도 예수 안에서 복음으로 낳은 자들이기 때문입니다. 교만한 사람에게는 남은 깎아내리고 자신은 한없이 높이는 경향이 있습니다. 교만한 사람은 비교를 즐깁니다. 그러나 그리스도 안에서 의롭다 함을 받은 사람은 견고한 정체성을 가집니다. 남의 판단에 흔들리지 않습니다. 남과 비교하지도 않습니다. 나를 높이려 하지 않고 남을 섬기려 합니다.

에스겔 2장은 하나님께서 에스겔을 선지자로 부르시는 장면입니다. 하나님은 에스겔을 이스라엘 자손 곧 패역한 백성, 하나님을 배반한 자에게 보내겠다고 말씀하십니다. 하나님은 이 자손이 참으로 뻔뻔하고 마음이 굳은 자라고 하십니다. 심히 패역했다고도 말씀하십니다. 하나님께서 에스겔을 그들에게 보내시는 이유는 그들이 들을 것이기 때문이 아닙니다. 듣든지 아니 듣든지 말씀하시기 위해서입니다. 에스겔에게 두루마리 책 한 권을 주시는데, 그 안에는 애가와 애곡과 재앙의 말이 기록되어 있었습니다.

8월 August 31

사무엘상24장 • 고린도전서5장 • 에스겔3장 • 시편39편

사무엘상 24장은 사울을 살려 주는 다윗의 이야기입니다. 다윗이 엔게디 광야에 있다는 소식을 듣고 사울이 출동합니다. 다윗을 찾는 중에 변을 보러 굴에 들어갑니다. 다윗의 사람들이 기회가 왔으니 사울을 죽이자고 합니다. 다윗은 가만히 들어가 사울의 겉옷 자락만 잘라서 나옵니다. 그리고 사울에게 자신이 죽일 수 있었으나 그러지 않았음을 열심히 설득합니다. 순간 사울이 울컥합니다. 그리고 돌아갑니다. 다윗이 사울을 죽이지 않은 이유는 다음과 같습니다. “내가 손을 들어 여호와의 기름 부음을 받은 내 주를 치는 것은 여호와께서 금하시는 것이니 그는 여호와의 기름 부음을 받은 자가 됨이니라”(6절). 이 짧은 문장 안에 여호와라는 단어가 세 번 들어갈 만큼 다윗은 하나님을 경외했습니다. 하나님께서 기름을 부어 왕으로 삼으신 자를 자신이 함부로 할 수 없다는 생각이었습니다. 다윗은 참으로 하나님을 소중히 여겼습니다.

시편 39편은 신중한 태도로 하나님께 도움을 구하는 다윗의 기도입니다. 다윗은 지금 행위를 조심하고 있습니다. 말도 하지 않고 있습니다. 혹시라도 죄를 짓지 않을까 염려하기 때문입니다. 잠잠할 뿐입니다. 물론 속은 부글부글 끓고 있습니다. 그래서 하나님께만 말합니다. 그는 하나님 앞에서 인생이 무력하다는 것을 고백합니다. “사람은 그가 든든히 서 있는 때에도 진실로 모두가 허사뿐이니이다”(5절). 그렇기에 다윗이 붙들 수 있는 것은 하나님밖에 없습니다. 죄에서 건지시고 징벌을 옮기시며 기도에 응답해 주시길 간절히 청합니다. 다윗은 하나님께 소망을 두고 그분께만 간청하고 있습니다. 그는 참으로 하나님을 경외했습니다.

고린도전서 5장은 권징의 필요성을 가르칩니다. 고린도교회는 십자가의 복음을 어떤 방식으로 적용해야 하는지를 몰랐습니다. 그들은 여유가 필요한 부분에서는 여유가 없었고 엄격해야 하는 부분에서는 엄격하지 않았습니다. 예를 들어 아버지의 아내를 취하는 음행이 교회 안에서 일어났음에도 불구하고 아무런 조치를 취하지 않았습니다. 바울은 이런 죄에 대해서는 반드시 권징이 필요하다고 가르칩니다. 권징에는 두 가지 유익이 있습니다. 첫째, 범죄한 자가 회개하게 만듭니다. 둘째, 교회 안에 같은 죄가 퍼지지 않게 합니다. 바울은 교회 안과 교회 밖의 기준이 다를 수밖에 없다고 말합니다. 교회 밖에 있는 사람에게 교회 안의 기준을 적용할 수 없다는 것입니다. 음행하는 사람과 사귀지 말라는 기준을 교회 밖에 적용하면 세상 밖으로 나가야 합니다. 그러나 교회 안에서는 이 기준을 확실히 지켜야 합니다. "밖에 있는 사람들은 하나님이 심판하시려니와 이 악한 사람은 너희 중에서 내쫓으라"(13절).

에스겔 3장에는 에스겔을 말씀 사역자로 세우시는 하나님의 섭리가 나옵니다. 하나님은 에스겔에게 두루마리를 먹으라고 말씀하십니다. 말씀을 귀히 여기고 말씀에 순종하는 모습을 요구하신 것입니다. 하나님은 에스겔을 이스라엘 백성 가운데로 보내실 것인데, 그들은 굳은 마음을 가진 사람이라 말을 듣지 않을 것입니다. 그래도 에스겔은 말씀을 전해야 합니다. "그들이 듣든지 아니 듣든지 그들에게 고하여 이르기를 주 여호와의 말씀이 이러하시다 하라"(11절). 또한 에스겔은 하나님의 말씀을 바로 전하여 그것을 들은 자들이 깨우치도록 해야 합니다. 그런데 하나님의 섭리는 묘합니다. 에스겔을 실컷 훈련시키시고는 집에 들어가서 나오지 못하게 하시고 벙어리로 만드셨습니다. 이스라엘 자손들이 꾸짖는 말씀을 듣고 돌이키지 못하게 하신 것입니다. 말씀 사역자는 하나님의 말씀을 꿀처럼 달게 여겨야 합니다. 자신이 꿀처럼 여기지 못하는데 어찌 사람들에게 말씀을 가르칠 수 있겠습니까? 말씀을 듣는 자는 항상 말씀에 반응해야 합니다. '듣든지 아니 듣든지'라는 말이 나오지 않도록 마음을 부드럽게 하고 말씀을 대해야 합니다. 굳은 마음과 굳은 얼굴로 말씀을 듣지 않도록 주의하십시오.

September

/

9월

9월 September 01

사무엘상25장 • 고린도전서6장 • 에스겔4장 • 시편40-41편

사무엘상 25장은 다윗과 아비가일이 만나는 장면입니다. 사무엘이 죽습니다. 사사 시대가 완전히 끝나고 새로운 시대가 열립니다. 나발은 심히 부한 자로 아비가일이라는 총명하고 아름다운 아내를 두고 있습니다. 다윗은 나발에게 보호 비용을 요구하는데 나발이 그 요구를 비웃으며 거절합니다. 다윗이 분노하여 병사를 이끌고 나발을 치러 갑니다. 사울에게는 복수하지 않았던 다윗이 작은 모욕에 화를 내고 있습니다. 사람은 원래 큰 것이 아니라 작은 것에 무너지는 법입니다. 아비가일이 이 소식을 듣습니다. 그녀는 음식을 준비하여 다윗을 맞이합니다. 그녀는 다윗에게 어리석은 사람 한 명 때문에 친히 보복하는 죄를 짓지 말라고 호소합니다. 다윗이 그녀의 지혜를 칭찬합니다. "또 네 지혜를 칭찬할지며 또 네게 복이 있을지로다 오늘 내가 피를 흘릴 것과 친히 복수하는 것을 네가 막았느니라"(33절). 나발은 죽음이 문턱까지 왔다 간 사실을 듣고 몸이 돌과 같이 되었다가 열흘 후에 죽습니다. 다윗이 아비가일을 아내로 맞이합니다. 지금까지 스승 역할을 하던 사무엘이 죽자마자 지혜로운 여인이 나타나서 다윗을 돕습니다. 아비가일은 무죄한 자에게 보복하는 죄를 짓지 않도록 지혜롭게 권면함으로 다윗이 사울과 다른 왕이 되게 합니다. 지혜로운 권면을 들어야 합니다. 마음과 귀가 막혀서 권면을 듣지 않는 것만큼 어리석은 짓이 없습니다. 올바른 권면을 해 주는 사람이 옆에 있다는 것은 큰 복입니다.

시편 40편과 **시편 41편**은 돌보시는 하나님을 찬양합니다. 하나님은 재앙의 날에 구원하시는 분입니다. 병상에서 붙드시고 병을 고치시는 분입니다. 은혜를 베푸셔서 죄를 고치시는 분입니다. 하나님은 우리를 돌보십니다. "주께서 나를 온전한 중에 붙드시고 영원히 주 앞에 세우시나이다"(41:12).

고린도전서 6장은 몸으로 하나님께 영광을 돌리라고 권면합니다. 먼저 바울은 성도끼리 세상 법정에 송사하지 말라고 말합니다. 교회 안에서 일어난 일은 일차적으로 교회의 판단을 받아야 합니다. 교회 안에는 모든 것을 판단할 만한 지혜가 있습니다. 바울은 당시 문화의 영향을 따라 작고 사소한 일을 모조리 들고 광장의 법정에서 판결 받으려는 시도를 비판하고 있습니다. 또한 불의를 행하고 형제를 속이는 사람들을 정죄합니다. 불의한 자는 하나님의 나라를 유업으로 받을 수가 없습니다. 문란한 문화도 지적합니다. 예수님 믿기 이전에 행하던 문란한 성생활을 그대로 하는 사람들이 교회 안에 있었습니다. 그리스도와 연합된 성도의 몸은 그리스도의 지체가 됩니다. 마찬가지로 창녀와 연합된 사람의 몸은 창녀의 지체가 됩니다. 그러므로 음행을 피해야 합니다. 우리의 몸은 성령의 전입니다. 우리는 우리의 것이 아닙니다. 값으로 산 것이 되었으니 우리 몸으로 하나님께 영광을 돌려야 합니다.

에스겔 4장에는 세 가지 행동 예언이 나옵니다. 하나님은 토판 위에 전쟁 중인 예루살렘을 그리라고 에스겔에게 말씀하십니다. 또 왼쪽으로 삼백구십 일, 오른쪽으로 사십 일을 누우라고 하십니다. 그리고 그 기간 동안 토판 위에 그린 예루살렘 쪽으로 얼굴을 둔 채 약간의 음식, 약간의 물을 먹으라고 하십니다. 떡을 구울 때는 인분으로 구우라고 하십니다. 이 행동 예언은 앞으로 예루살렘이 처할 상황을 미리 보여 줍니다. 예루살렘은 군대에게 에워싸일 것입니다. 그리고 오랫동안 굶주림에 시달릴 것입니다. 실제로 예루살렘은 그와 같은 방식으로 바벨론에게 멸망을 당했습니다. 하나님은 에스겔 선지자의 행동 예언을 통해 듣기를 거부하는 자들에게 보기를 강요하신 것입니다. 그래도 끝까지 돌이키지 않았다니 사람의 고집스러운 본성은 정말 어리석기 짝이 없습니다. 들을 수 있을 때 듣고 볼 수 있을 때 봅시다. 그리고 올바른 반응을 내놓읍시다.

9월 September 02

사무엘상26장 • 고린도전서7장 • 에스겔5장 • 시편42-43편

사무엘상 26장은 다윗이 사울을 한 번 더 살려 주는 이야기입니다. 다윗이 하길라 산에 숨어 있다는 제보를 듣고 사울이 삼천 명을 데리고 다윗을 추적합니다. 그런데 다윗이 오히려 사울을 죽일 기회를 잡습니다. 아비새 등은 그를 죽이자고 했지만 다윗은 여호와의 기름 부음 받은 자를 칠 수 없다고 거절합니다. 사울의 머리 곁에서 창과 물병만 가지고 나옵니다. 다윗은 하나님의 주권과 방식을 참 소중히 여겼습니다. 다윗이 사울에게 말합니다. “여호와께서 오늘 왕을 내 손에 넘기셨으되 나는 손을 들어 여호와의 기름 부음을 받은 자 치기를 원하지 아니하였음이니이다”(23절). 사울이 돌아갑니다. 기회가 생겼다고 모두 하나님의 뜻은 아닙니다. 말씀 앞에서 그 기회가 과연 하나님의 뜻에 맞는지 살펴야 합니다. 무엇보다 하나님의 방식에 맞지 않으면 하나님께서 주신 기회가 아님을 알아야 합니다. 하나님의 뜻과 하나님의 방식은 항상 같이 갑니다. 하나님을 정말 소중히 여기는 사람은 하나님의 뜻과 하나님의 방식 모두를 소중히 여깁니다.

시편 42편과 **시편 43편**은 낙심한 영혼을 들고 하나님 앞에 나아가 도움을 구하는 기도입니다. 시인은 마음이 상했습니다. 마음이 얼마나 상했는지 눈물이 주야로 음식이 될 정도입니다. “내 영혼아 네가 어찌하여 낙심하며 어찌하여 내 속에서 불안해하는가”(42:5). 그것은 원수의 압제와 대적의 비방 때문이었습니다. 완전히 절망하고 낙심한 와중에도 그는 마음을 들어 하나님을 바라봅니다. 하나님께 소망을 두고자 노력합니다. “너는 하나님께 소망을 두라 그가 나타나 도우심으로 말미암아 내 하나님을 여전히 찬송하리로다”(43:5). 마음이 상해서 크게 낙심될 때 더욱 마음을 일으켜 하나님을 바라봅시다. 하나님 외에는 우리의 소망이 없습니다.

고린도전서 7장은 결혼과 관련한 고린도교회의 질문에 바울이 답변하고 있는 내용입니다. 남자는 여자를 가까이하지 말아야 한다고 주장하는 사람들이 있었습니다. 그러나 바울은 결혼의 목적 중 하나가 음행을 피하는 것에 있다고 말합니다. 기도하는 일 등 매우 특별한 상황이 아니면 분방하지 말아야 합니다. 믿지 않는 배우자라 해서 이혼할 필요는 없습니다. 혹 나로 말미암아 그가 구원을 얻을 수도 있기 때문입니다. 바울은 결혼을 지나치게 높게 여기는 일에 대해서도 경계합니다. "장가가지 않은 자는 주의 일을 염려하여 어찌하여야 주를 기쁘시게 할까 하되 장가간 자는 세상 일을 염려하여 어찌하여야 아내를 기쁘게 할까 하여 마음이 갈라지며"(32-34절). 이 권면의 목적은 마음을 어렵게 하고자 함이 아닙니다. 흐트러짐 없이 주를 섬기도록 하기 위함입니다(35절). 결혼을 안 하려고 하는 것도 문제지만 결혼을 과도히 높이는 것도 문제입니다. 결혼의 목적이 무엇인지를 잘 알아야 합니다. 결혼을 포함한 모든 인생의 목적은 주를 섬기는 것입니다.

에스겔 5장은 계속하여 행위 예언을 말합니다. 하나님은 머리털과 수염을 깎아 삼분의 일은 성읍 안에서 불사르고 삼분의 일은 성읍 사방에서 칼로 치며 삼분의 일은 바람에 날리라고 명하십니다. 그리고 약간의 머리털을 옷자락에 싸서 불사르라고 말씀하십니다. 하나님은 이것이 예루살렘이 될 것이라고 말씀하십니다. 삼분의 일은 전염병으로, 삼분의 일은 기근으로, 삼분의 일은 사방에 흩어질 것이라고 말씀하십니다. 이 모든 일은 예루살렘이 하나님 앞에서 가증한 일을 행한 대가입니다. 하나님은 이것이 일종의 경고가 될 것이라고 말씀하십니다. 죄를 향한 하나님의 분노가 잘 묘사된 본문을 보며 우리는 죄에 대한 경각심을 가져야 합니다. 하나님은 죄를 참 미워하십니다. 성경에는 이에 대한 수많은 경고가 있습니다. 들어야 하고 봐야 합니다. 경고를 보고도 못 본 체하는 것은 어리석은 짓입니다.

9월 September **03** 사무엘상27장 • 고린도전서8장 • 에스겔6장 • 시편44편

사무엘상 27장은 다윗이 가드 왕 아기스에게 피신하는 이야기입니다. 다윗이 사울을 피해 블레셋 사람들의 땅으로 도망갑니다. 기가 막힐 노릇입니다. 블레셋과의 전투로 명성을 얻은 다윗이 이제 블레셋을 의지하려고 합니다. 아니나 다를까 사울은 다윗이 블레셋 땅으로 들어갔다는 소식을 들은 후 추격을 포기합니다. 다윗은 아기스에게 지방 성읍 한 곳에서 살게 해 달라고 요청합니다. 그 와중에 이스라엘을 괴롭히던 몇 족속들을 칩니다. 비록 사는 곳은 블레셋 땅이었지만 다윗은 자신의 정체성을 잊지 않았습니다. 그러나 생존을 위해 거짓말을 합니다. 아기스에게는 유다 땅을 침략하고 왔다고 말한 것입니다. 아기스가 다윗을 믿습니다. 이스라엘의 왕 사울은 믿지 못한 다윗을 가드 왕 아기스는 믿고 있습니다. 다윗의 심정이 어떠했을까요? 거짓말로 연명해야 하는 자기의 운명을 원망했을까요? 그러나 다윗의 도망자 생활은 이제 얼마 남지 않았습니다. 하나님께서 그를 곧 높이실 것입니다.

고린도전서 8장은 덕을 세우는 사랑의 중요성을 가르칩니다. 누군가가 우상에게 바쳐진 제물을 먹어야 하느냐 먹지 말아야 하느냐를 놓고 질문합니다. 사실 이것을 먹어도 되고, 안 먹어도 됩니다. 음식이 사람을 더럽게 만들지 못하기 때문입니다. 이것을 아는 사람은 우상 제물을 자유롭게 먹었습니다. 그러나 우상 제물을 먹는 일을 양심에 걸려 하는 사람도 있었습니다. 그는 우상 제물을 자유롭게 먹는 사람을 보면서 시험에 들었습니다. 그런데 이것이 아무것도 아니라면서 일부러 그 사람 앞에서 더 우상 제물을 먹는 사람도 있었습니다. 자기가 알고 있는 지식으로 형제를 세우기보다는 시험에 빠지게 만든 것입니다. 바울은 이와 같은 행위를 다음과 같이 평가합니다. "너희가 형제에게 죄를 지어 그 약한 양심을 상하게 하

는 것이 곧 그리스도에게 죄를 짓는 것이니라"(12절). 옳은 일을 옳다고 마구잡이로 행하여 믿음이 약한 형제를 시험에 빠지게 하는 것도 죄입니다. 이웃 사랑이라는 율법을 어긴 것이기 때문입니다. 우리가 가지고 있는 모든 것은 이웃을 위한 것임을 잊지 마십시오.

에스겔 6장은 우상 숭배를 심판하시는 하나님을 말합니다. 하나님은 이스라엘 산에 가득한 산당을 멸하겠다고 말씀하십니다. 산당은 우상을 숭배하는 장소입니다. "산당을 황폐하게 하리니 이는 너희 제단이 깨어지고 황폐하며 너희 우상들이 깨어져 없어지며 너희 분향 제단들이 찍히며 너희가 만든 것이 폐하여지며 또 너희가 죽임을 당하여 엎드러지게 하여"(6-7절). 하나님은 우상 숭배의 죄를 가만히 두고 보시지 않습니다. 우상을 깨고 우상 숭배자를 심판하셔서 사람들로 하여금 하나님의 하나님 되심을 알게 하십니다. 하나님은 당신의 말을 반드시 성취하심으로 당신이 여호와인 줄 알게 하겠다고 말씀하십니다. 장난으로라도 우상 숭배를 해서는 안 됩니다. 미신적인 행위를 해서도 안 됩니다. 하나님과 나란히, 혹은 하나님보다 더 위에 두는 것들이 없어야 합니다. 우상 숭배는 하나님을 심히 모욕하는 죄입니다.

시편 44편은 하나님만 의지하겠다는 노래입니다. 시인은 하나님께서 이스라엘 민족을 위해 모든 일을 다 해 주셨다고 말합니다. "오직 주의 오른손과 주의 팔과 주의 얼굴의 빛으로 하셨으니"(3절). 그러나 지금은 하나님께서 자기들을 버리셨다고 말합니다. 자신들이 여러 민족 가운데 흩어지게 되었고 조롱과 수치를 당하게 되었다고 말합니다. 시인은 이것이 부당한 고통이라고 말합니다. 언약을 어기지도 않았고 이방신을 섬기지도 않았다는 것입니다. 종종 이유를 알 수 없는 고통을 당할 때가 있습니다. 그때에도 우리는 하나님 앞으로 가야 합니다. 하나님께서 친히 일어나셔서 이 문제를 해결해 주시기를 기도해야 합니다.

9월 September 04

사무엘상28장 • 고린도전서9장 • 에스겔7장 • 시편45-46편

사무엘상 28장은 사울이 신접한 여인을 찾아가는 장면입니다. 블레셋과 이스라엘이 또 전쟁을 벌입니다. 하나님의 침묵 앞에서 사울은 불안에 떱니다. 하나님을 잃어버린 자는 자유롭고 편안하게 사는 것이 아니라 무엇인가에 얽매여 살게 됩니다. 사울은 율법 따위는 깨끗이 잊어버리고 신접한 여인을 찾아갑니다. 그리고 살아 있을 때는 찾아가지도 않았던 죽은 사무엘을 불러냅니다. 사무엘은 다시 한 번 하나님의 뜻을 확정하여 알려 줍니다. 나라는 다윗에게 넘겼고 하나님은 그에게 진노하셨으며 블레셋과의 전쟁에서는 패배하게 될 것입니다. 두려움에 빠진 사울은 식음을 전폐하고 눕습니다. 사울의 몰락을 보여 줍니다. 하나님께서 떠나셨습니다. 사무엘도 떠났습니다. 다윗도 떠났습니다. 고작해야 그에게 남아 있는 것은 무당뿐이었습니다. 하나님을 떠난 자가 걷는 길은 형통의 길이 아니라 몰락의 길입니다.

고린도전서 9장은 그리스도인의 권리 포기에 관한 교훈입니다. 바울은 자신을 예로 들어서 다른 형제를 위하여 권리 포기가 필요하다고 말합니다. 바울에게도 먹고 마실 권리가 있습니다. 사례비를 받을 권리도 있습니다. "우리가 너희에게 신령한 것을 뿌렸은즉 너희의 육적인 것을 거두기로 과하다 하겠느냐"(11절). 그러나 바울은 이 권리들을 포기합니다. 자신이 전하는 복음을 사람들이 듣고 오해할 것을 방지하기 위함입니다. 바울은 자신이 모든 사람에게 자유하지만 스스로 모든 사람에게 종이 된 것은 더 많은 사람을 얻기 위한 것이라고 말합니다. 바울은 권리 포기가 복음에 합당한 삶이라고 말하고 있습니다. 아무것도 빼앗기지 않고 아무것도 희생하지 않으려고 하는 오늘의 교회들에게 바울의 교훈은 많은 울림을 줍니다. 복음도 중요하지만 복음을 전하는 방식도 중요합니다. 복음을 전하는 방식은 우리가 전하는 복음의 성격을 보여 주기 때문입니다.

에스겔 7장은 때리시는 여호와를 말합니다. 하나님께서 긍휼히 여기시지 않는 때가 다가왔습니다. "끝이 왔도다, 끝이 왔도다 끝이 너에게 왔도다 볼지어다 그것이 왔도다"(6절). 하나님께서 정하시는 때는 반드시 옵니다. 하나님은 당신이 때리는 이이심을 사람들에게 알리십니다. 하나님은 사랑과 긍휼이 많으시지만 동시에 반드시 공의를 실현하시기도 합니다. 하나님께서 정하신 재앙의 때에는 자기 죄악으로 말미암아 크게 심판받는 자들이 가득할 것입니다. "내가 그 행위대로 그들에게 갚고 그 죄악대로 그들을 심판하리니 내가 여호와인 줄 그들이 알리라"(27절). 마지막 날이 있음을 꼭 기억하십시오. 또한 그날에는 하나님께서 심판하신다는 것도 꼭 기억하십시오. 두렵고 떨림으로 우리에게 주신 구원을 이루어 갑시다.

시편 45편과 **시편 46편**은 정의를 사랑하시고 큰 도움이 되시는 하나님을 노래합니다. 시편 45편은 참된 왕을 노래합니다. 참된 왕은 정의를 사랑하고 악을 미워합니다. 참된 왕은 복되고 아름답습니다. 참된 왕은 모든 사람과 모든 나라의 칭송을 받습니다. 하나님께서 복 주신 참된 왕은 예수 그리스도이십니다. 교회는 참된 왕이신 예수님을 찬양해야 합니다. 시편 46편은 피난처시요 도움이신 하나님을 찬양합니다. 하나님 안에 머물면 온 세상이 요동하여도 두렵지 않습니다. 왕국이 흔들려도 끄떡없습니다. 하나님께서 우리의 피난처가 되시기 때문입니다. 하나님 안에 머물면서 하나님의 하나님 되심을 바라봅시다.

9월 05
September

사무엘상29-30장 · 고린도전서10장 · 에스겔8장 · 시편47편

사무엘상 29장과 **사무엘상 30장**은 블레셋 땅에서 하나님의 도움을 받는 다윗의 이야기입니다. 이스라엘과의 전쟁에 다윗도 소집이 됩니다. 자칫하면 다윗이 동족을 죽이는 일도 벌어질 수 있습니다. 그때 블레셋의 방백들이 아기스왕에게 다윗을 빼자고 합니다. 곤란한 상황을 맞이한 다윗에게 최상의 결과가 나온 것입니다. 다윗은 서운하다고 큰소리를 치고 시글락 지역으로 돌아갑니다. 이스라엘의 왕이 될 다윗이 이스라엘 사람들을 죽여야 하는 위기를 맞이하자 하나님께서 이렇게 도와주셨습니다. 다윗은 이스라엘이 아니라 이스라엘의 원수인 아말렉을 쳐서 진멸합니다. 사울이 하지 못했던 일을 다윗이 했습니다. 다윗이야말로 이스라엘의 진정한 왕입니다. 하나님께서 그의 인생을 그렇게 인도하고 계십니다.

고린도전서 10장은 모든 일을 하나님의 영광을 위하여 하라는 바울의 가르침입니다. 바울은 구약에 나오는 이스라엘 백성들의 실패가 교회의 본보기가 된다고 말합니다. "이러한 일은 우리의 본보기가 되어 우리로 하여금 그들의 악을 즐겨 한 것같이 즐겨 하는 자가 되지 않게 하려 함이니"(6절). 우상 숭배하여 죽임을 당한 사람들의 이야기를 읽고 우리는 우상 숭배하지 말아야 합니다. 하나님을 시험하여 죽임을 당한 사람들의 이야기를 읽고 우리는 하나님을 시험하지 말아야 합니다. 구약에 나오는 징계와 심판은 오늘을 살아가는 성도들에게 경고를 줍니다. 바울은 우상에게 바쳐진 음식물에 관한 교훈을 계속해서 말합니다. 시장에서 파는 것은 그냥 먹어도 됩니다. 음식은 사람을 더럽게 만들지 못합니다. 그러나 누군가가 그로 말미암아 시험에 든다면 먹지 말아야 합니다. "누구든지 자기의 유익을 구하지 말고 남의 유익을 구하라"(24절). 자신을 만족시키기 위해 무슨 일을 하지 말고 먹든지 마시든지 무슨 일을 하든지 다 하나님의 영광을 위하여 해야 합니다.

에스겔 8장은 에스겔이 예루살렘 성안에 있는 우상의 환상을 보는 장면입니다. 여호와의 권능이 에스겔에게 임합니다. 불 같은 형상이 하나님의 환상 가운데로 에스겔을 데리고 갑니다. 예루살렘 안뜰로 들어가는 북향한 문입니다. 왕들이 예배 드리러 올 때 사용하는 문인데 그곳에는 질투의 우상이 세워져 있었습니다. 성전 안쪽에 있는 담을 헐고 들어가 보니 문 하나가 나옵니다. 그 안에는 각양 곤충과 가증한 짐승과 이스라엘 족속의 모든 우상이 벽에 그려져 있었습니다. 거기에는 장로들이 향을 피우고 있었습니다. 성전으로 들어가는 북문에는 여인들이 담무스를 위하여 애곡하고 있었습니다. 담무스는 바벨론의 신입니다. 다시 성전 안뜰로 가 보니 이번에는 제사장들이 태양을 숭배하고 있었습니다. 하나님을 섬겨야 할 성전에 온갖 우상들이 가득했던 것입니다. 하나님은 다 알고 계십니다. 예루살렘 성전에서 은밀히 우상 숭배하던 일들을 다 알고 계시듯이 우리가 마음속에 은밀히 숨겨 놓고 섬기는 우상들을 다 알고 계십니다. 누구도 하나님의 시선을 피할 수는 없습니다.

시편 47편은 나라와 민족을 다스리시는 하나님을 찬양합니다. 하나님은 우상과 다릅니다. 우상은 생명도 없고 힘도 없지만 하나님은 크고 강하십니다. 하나님은 온 땅에 큰 왕이 되십니다(2절). "하나님이 뭇 백성을 다스리시며 하나님이 그의 거룩한 보좌에 앉으셨도다"(8절). 하나님은 각 나라의 지도자들을 다스리십니다. 온 세상의 정치와 경제도 뜻대로 이루어 가십니다. 하나님의 주권적 섭리에서 벗어난 사람은 있을 수 없습니다. 하나님은 뭇 백성을 다스리십니다. 그러므로 하나님만 믿읍시다. 권력과 제도와 사람이 아니라 하나님께서 진정한 통치자이십니다.

사무엘상 31장은 사울의 죽음을 보고합니다. 블레셋과의 전쟁에서 이스라엘이 크게 패합니다. 사울의 아들들이 죽습니다. 이때 요나단도 죽습니다. 사울도 큰 부상을 입습니다. 사울이 스스로 목숨을 끊습니다. 블레셋 사람들이 사울과 그의 세 아들들이 길보아산에서 죽은 것을 보고 사울의 머리를 베어서 가져갑니다. 사울 집안이 철저하게 망해 버린 것입니다. 참 안타까운 일입니다. 사울이 하나님을 의지할 때는 모든 것이 좋았습니다. 그러나 하나님에게서 스스로 멀어지고 하나님의 말씀을 경홀히 여기자 그의 인생이 망가져 버렸습니다. 시인이 시편 1편에서 노래한 것처럼, 악인은 바람에 나는 겨와 같고 심판을 견디지 못하며 그 길이 반드시 망합니다. 악인들의 꾀를 따르지 말고 죄인들의 길에 서지 아니하며 오만한 자들의 자리에 앉지 않으시기를 바랍니다.

에스겔 9장은 성전에서 은밀히 우상을 숭배하는 예루살렘을 향해 진노를 쏟아 부으시는 하나님을 보여 줍니다. 환상 속에서 하나님은 죽이는 무기를 가진 여섯 사람을 부르십니다. 죽음의 천사들입니다. 이들을 보내시기 전에 의인의 이마에 표시를 해 놓으십니다. 이마에 표시를 받은 사람들을 제외하고 모든 사람들이 죽임을 당합니다. "불쌍히 여기지 말며 긍휼을 베풀지 말고 쳐서 늙은 자와 젊은 자와 처녀와 어린이와 여자를 다 죽이되 이마에 표 있는 자에게는 가까이하지 말라"(5-6절). 악인을 향한 하나님의 분노는 참으로 큽니다. 하나님을 경홀히 여기는 자는 그 대가를 받습니다. 하나님 앞에서 가증하게 행하는 자도 그 대가를 받습니다. 자신 안에 은밀히 우상을 숨겨 놓고 하나님을 섬기는 척하는 자들은 하나님의 맹렬한 진노를 만나게 됩니다. 성도는 본문을 통하여 경고를 받아야 합니다.

고린도전서 11장은 성만찬 등 예배에 관한 가르침입니다. 바울은 교회에서 예배를 드릴 때 남자와 여자 사이에 질서가 있어야 한다고 말합니다. 또한 성만찬과 관련해서도 권면합니다. 함께 모여서 주의 만찬을 먹어야 하는데 각자의 사정에 따라 누구는 일찍 와서 마음껏 먹었고 누구는 늦게 와서 배가 고팠습니다. 일찍 온 사람은 주인이고 늦게 온 사람은 하인일 수도 있습니다. 무엇이 되었든 간에 다른 사람을 이해하고 기다리고 배려해 주는 것 없이 오직 자기만족을 위해 즐기는 주의 만찬은 올바른 것이 아닙니다. 그리스도와 몸과 피를 기념하고 그것을 통해 주의 죽으심을 주께서 오실 때까지 전하는 것이 주의 만찬입니다. 그러므로 주의 만찬에 임하는 사람은 자신을 잘 살피고 주의 몸을 분별하여 참여해야 합니다. 자신의 욕구를 채우기 위한 시간이 되어서는 안 됩니다.

시편 48편은 만군의 왕이신 하나님을 찬양합니다. 하나님은 위대하십니다. 온 세계가 즐거워하고 찬양해야 하는 분이십니다. 하나님은 정의로 다스리시고 심판으로 공의를 세우십니다. 이 놀랍고 위대하신 하나님께서 우리를 죽을 때까지 인도하십니다. "이 하나님은 영원히 우리 하나님이시니 그가 우리를 죽을 때까지 인도하시리로다"(14절).

사무엘하 1장은 사울과 요나단을 위해 슬퍼하는 다윗의 이야기입니다. 한 청년이 다윗을 찾아와서 사울이 죽었다는 소식을 알립니다. 그는 다윗과 사울이 원수지간인 것을 지레짐작하고 자신이 사울을 죽였다고 말합니다. 다윗은 감히 여호와의 기름 부음 받은 자 죽이기를 두려워하지 않았다고 분노하며 그 청년을 죽입니다. 그 후에 사울과 요나단을 생각하며 슬픈 노래를 부릅니다. 자신을 오랫동안 괴롭힌 사울이었지만 다윗은 진심으로 그의 죽음을 슬퍼합니다. 사랑하는 친구 요나단의 죽음은 더욱 슬퍼합니다. 누군가의 불행을 기뻐하는 것은 올바른 신앙을 가진 사람이 할 짓이 아닙니다. 나를 힘들게 한 사람이라 할지라도 그가 불행을 겪을 때 진심으로 공감해 주는 사람이 참된 이웃 사랑의 마음을 가지고 있는 사람입니다. 우는 자와 함께 우는 자가 복음을 이해하고 있는 사람입니다.

고린도전서 12장은 교회의 한 몸 관계를 설명합니다. 바울은 그리스도를 믿음으로 한 성령을 받은 사람이 교회 안에서 어떻게 살아가야 하는지를 가르칩니다. 은사는 여러 가지일 수 있지만 성령은 하나입니다. 성령은 당신의 뜻대로 각 사람에게 은사를 나누어 주십니다. 마치 몸은 하나인데 지체는 여럿인 것과 같습니다. 발과 손과 귀와 눈은 각기 다르지만 몸에 꼭 필요한 지체입니다. 마치 그런 것처럼, 모든 성도들은 서로 다르지만 그리스도의 몸 안에 꼭 필요한 지체입니다. 심지어 약하게 보이는 지체가 더욱 귀할 때가 많습니다. 그러므로 자신을 자랑하고 높이는 행위는 그리스도의 몸에 합당하지 않습니다. 본문은 참 많은 교훈을 줍니다. 복음을 아는 사람이 건방지고 교만할 수는 없습니다. 복음을 체험한 사람이 연약한 형제와 자매를 무시할 수는 없습니다. 복음을 정말로 안다면 교회 안에 있는 모든 성도들, 특히 연약한 성도들을 귀히 여깁니다. 그것이 정말로 복음에 합당한 모습입니다.

에스겔 10장은 하나님의 영광이 예루살렘 성전을 떠나는 모습을 보여 줍니다. 에스겔 1장에 나왔던 장면이 비슷하게 나옵니다. 네 생물들 곧 그룹 위에 보좌의 형상이 나타납니다. 하나님의 영광이 그룹에서 올라와 성전 문지방에 이르니 구름이 성전에 가득하고 광채가 뜰에 가득하였습니다. 그러나 곧 이 영광은 성전을 떠납니다. "여호와의 영광이 성전 문지방을 떠나서 그룹들 위에 머무르니"(18절). 우상 숭배로 가득한 성전에 하나님께서 계속하여 계실 이유가 없습니다. 비록 이름은 여호와의 전이었지만 그 안에 채워진 것은 우상밖에 없었기 때문입니다. 위선으로 가득한 신앙은 겉보기에는 그럴 듯할 수 있지만 하나님의 영광이 함께하지 않습니다. 하나님의 영광이 사라진 신앙은 신앙이 아닙니다.

시편 49편은 인생의 무력함을 깨닫고 하나님을 의지해야 한다는 교훈입니다. 자신의 재물을 의지하고 부유함을 자랑하는 자는 참 어리석습니다. 그것이 죽음을 막아 주지 않기 때문입니다. 이 어리석은 사람은 마치 그것이 영원히 있을 것처럼 생각합니다. 하지만 사람이 어떻게 생각하든지 인생은 장구하지 못합니다. 영원하지 않습니다. 오직 하나님만 영원하십니다. 오직 하나님만 항상 계십니다. 자신에게 있는 것을 자랑하지 말고 하나님만 의지합시다. "존귀하나 깨닫지 못하는 사람은 멸망하는 짐승 같도다"(20절).

사무엘하 2장은 다윗이 유다의 왕이 되는 이야기입니다. 다윗은 하나님께서 명하시는 대로 헤브론에 가서 왕이 됩니다. 왕이 되어 그가 가장 먼저 한 일은 길르앗 야베스 사람들에게 은혜를 베푼 것입니다. 그들은 사울이 죽었을 때 장사를 지내 주었습니다. 다윗은 선한 일을 갚아 주는 왕입니다. "너희가 이 일을 하였으니 이제 여호와께서 은혜와 진리로 너희에게 베푸시기를 원하고 나도 이 선한 일을 너희에게 갚으리니"(6절). 나머지 지역은 사울의 아들 이스보셋이 다스렸습니다. 다윗과 이스보셋 사이에는 계속해서 크고 작은 전쟁이 있었습니다. 다윗은 점점 강해졌고 이스보셋은 점점 약해졌습니다. 도망자 신세를 면치 못했던 다윗이 이제 강하고 능한 왕이 되어 가고 있습니다. 하나님께서 그를 선하게 인도하고 계십니다. 시편 23편에서 다윗이 노래한 것처럼, 하나님은 평생 동안 선하심과 인자하심으로 함께해 주셨습니다. 다윗에게 친절하셨던 하나님께서 바로 지금 우리의 하나님이심을 믿으시기 바랍니다.

고린도전서 13장은 사랑에 관한 교훈입니다. 자신을 자랑하고 자기주장을 하기에 급급했던 고린도교회에 무질서와 혼란이 가득했습니다. 심지어 예배를 드릴 때조차 은사로 말미암아 혼잡했습니다. 바울은 그들에게 사랑이 가장 좋은 길이라고 말합니다. 사랑이 없으면 다른 모든 것이 있어도 없는 것입니다. 사랑하는 것이야말로 진정 자기를 부인하고 자기 십자가를 지고 그리스도를 따르는 것입니다. 사랑은 오래 참습니다. 온유합니다. 시기하지 않습니다. 자랑하지 않고 교만하지 않습니다. 무례히 행하지 않고 유익을 구하지 않습니다. 성내지 않고 악한 것을 생각하지 않습니다. 불의를 기뻐하지 않고 진리와 함께 기뻐합니다. 사랑은 모든 것을 참고 모든 것을 믿으며 모든 것을 바라고 모든 것을 견딥니다. 믿음, 소망, 사랑은 항상 있을 것인데, 그중의 제일은 사랑입니다. 사랑이 없는 신앙은 없습니다.

에스겔 11장은 바벨론 포로로 끌려간 사람들을 중심으로 이스라엘을 회복하시겠다는 하나님의 예언입니다. 환상 중에 성전 동문으로 이끌려 갑니다. 거기에는 백성의 고관들이 있었습니다. 그들은 가마솥 안의 고기처럼 자신들이 보호받고 있다고 믿었습니다. 그러나 하나님은 예루살렘이 그들의 가마가 되지 않고 그들이 그 안에 있는 고기가 되지 않을 것이라고 말씀하십니다. 즉 예루살렘을 파괴하시겠다는 뜻입니다. 오히려 하나님은 포로로 끌려간 사람들을 불러 모으겠다고 말씀하십니다. "내가 너희를 만민 가운데에서 모으며 너희를 흩은 여러 나라 가운데에서 모아 내고 이스라엘 땅을 너희에게 주리라"(17절). 하나님은 사람이 의지하는 것들을 부수고 하나님만 의지하도록 하십니다. 하나님께서 진정한 피난처시요 바위가 되십니다. 하나님 이외에 의지하는 것들이 있습니까? 그 안에서 나와 하나님 품으로 들어가십시오. 진정한 위로와 평안은 그곳에 있습니다.

시편 50편은 공의의 심판장이신 하나님을 노래합니다. 하나님은 저 멀리서 뒷짐 지고 구경하시지 않습니다. 하나님은 이 세상에 찾아오셔서 판결하십니다. 공의로우신 분이고 심판하시는 분입니다. 그러므로 하나님 앞에 부지런히 반응해야 합니다. 하나님께 경건한 예배를 드려야 합니다. 환난 날에는 하나님께 간구해야 합니다. 우리의 모든 삶을 들어 하나님을 영화롭게 해야 합니다. 하나님을 결코 잊어서는 안 됩니다. "하나님을 잊어버린 너희여 이제 이를 생각하라 그렇지 아니하면 내가 너희를 찢으리니 건질 자 없으리라"(22절).

9월 September **09** 사무엘하3장 • 고린도전서14장 • 에스겔12장 • 시편51편

사무엘하 3장은 평화롭게 이스라엘의 왕이 되어 가는 다윗의 이야기입니다. 다윗과 이스보셋의 전투에서 다윗이 계속하여 승리합니다. 기세가 점점 다윗 쪽으로 기울어지고 있습니다. 그때 결정적인 사건이 벌어집니다. 이스보셋과 군대 장관 아브넬 사이가 벌어진 것입니다. 아브넬은 이스보셋을 배신할 계획을 세웁니다. 하나님께서 다윗의 손에 피를 묻히지 않고 그를 이스라엘의 왕으로 삼으시기 위해 이와 같이 일하고 계신 것입니다. 잘 진행되던 이야기가 요압의 사적인 복수심으로 위기를 맞이합니다. 그가 자신의 동생을 죽인 아브넬을 암살했기 때문입니다. 다윗은 즉각적으로 아브넬을 위해 장사를 지냅니다. 다윗이 하는 것을 보고 백성들이 기뻐합니다. 다윗은 사울처럼 잔인한 왕이 아니었습니다. 하나님의 뜻을 헤아리지 못하고 사적인 복수심으로 일을 그르칠 뻔한 요압에 비해 다윗은 하나님의 마음을 품고 일을 진행하고 있습니다. 좋은 지도자는 따뜻한 마음을 가지고 있습니다. 개인적인 원한이나 복수심으로 사람을 해치지 않습니다.

고린도전서 14장은 교회의 모든 일을 질서 있게 하라는 바울의 권면입니다. 은사를 많이 받은 자들이 교회를 혼란하게 만들고 있었습니다. 특히 방언의 은사를 받은 자들이 그랬습니다. 바울은 방언과 예언의 은사가 무엇을 의미하는지 명확히 설명합니다. 방언은 순전히 개인적이지만 예언은 다른 사람의 덕을 세우는 것이니 더 나은 은사입니다. 이런 관점은 고린도전서에서 바울이 일관되게 말하고 있는 바입니다. 모든 것이 가하나 모든 것이 덕이 되는 것은 아닙니다. 성도는 가능하다고 다 할 수 있는 존재가 아니고 덕을 세우기 위해 마땅히 포기해야 하는 존재입니다. 그럴 때

교회가 질서 있는 모습으로 세워질 수 있습니다. “모든 것을 품위 있게 하고 질서 있게 하라”(40절).

에스겔 12장에는 행동 예언이 또 나옵니다. 두 가지입니다. 하나는 포로의 행장을 하는 것입니다. 하나님은 이것이 포로로 사로잡혀 갈 것에 대한 묵시라고 말씀하십니다. 다른 하나는 떨면서 식사를 하는 것입니다. 말 그대로 공포에 차서 식사를 하는 때가 곧 올 것이라는 뜻입니다. 어떤 사람은 이런 일들이 훨씬 나중에 일어나게 될 것이라고 말하는데, 하나님은 곧 일어날 것이라고 말씀하십니다. “내가 하는 말이 다시는 더디지 아니하고 응하리라 반역하는 족속이여 내가 너희 생전에 말하고 이루리라 나 주 여호와의 말이니라 하셨다 하라”(25절). 하나님의 말씀은 꼭 이루어집니다. 이것을 믿지 않는 것 혹은 훨씬 나중에 이루어질 것이라는 안일한 생각 등은 하나님을 모욕하는 것입니다. 성취의 시기는 하나님께서 정하십니다. 우리가 할 일은 하나님께서 하신 말씀이 곧 이루어지리라는 믿음을 갖고 그 말씀대로 사는 것입니다.

시편 51편은 밧세바와 동침한 후 나단의 정죄를 받고 회개하는 다윗의 기도입니다. 다윗은 자신이 저지른 죄에 대해 두려움을 품습니다. 이 죄는 궁극적으로 하나님 앞에서 지은 것이기 때문입니다. “내가 주께만 범죄하여 주의 목전에 악을 행하였사오니”(4절). 그러므로 하나님의 용서를 받아야만 했습니다. 다윗은 하나님께 간절히 기도합니다. “주의 얼굴을 내 죄에서 돌이키시고 내 모든 죄악을 지워 주소서”(9절). 하나님께서 다시 한 번 자신 안에 구원의 즐거움을 회복시켜 주시기를 요청합니다. 죄를 지었을 때 하나님 앞에 나아가십시오. 그것 외에 우리가 용서받을 수 있는 길은 없습니다. 하나님 앞에 모든 것을 자백하고 엎드리는 자를 하나님은 멸시하지 않으십니다. 날마다 회개합시다. 그래서 날마다 구원의 즐거움을 누립시다.

9월 September 10

사무엘하4-5장 • 고린도전서15장 • 에스겔13장 • 시편52-54편

사무엘하 4장과 **사무엘하 5장**은 다윗이 이스라엘의 왕이 되는 이야기입니다. 이스보셋이 살해를 당합니다. 그를 죽인 레갑과 바아나는 다윗을 찾아갑니다. 큰 상을 받을 줄 알았는데 오히려 사형을 당합니다. 다윗이 왕으로 추대됩니다. 다윗이 가장 먼저 한 일은 여부스 사람들에게서 시온 산성을 빼앗은 것입니다. 이것은 다윗성이 됩니다. "만군의 하나님 여호와께서 함께 계시니 다윗이 점점 강성하여 가니라"(10절). 다윗의 힘이 강해집니다. 두로 왕 히람이 다윗을 위하여 집을 지어 줍니다. 또한 르바임 골짜기에서 블레셋을 쳐서 쫓아냅니다. 드디어 다윗이 이스라엘의 왕이 됩니다. 이제 이스라엘은 하나님께서 함께하시는 왕이 어떤 존재인지를 목격하게 될 것입니다. 또한 하나님과 함께하는 왕으로 말미암아 백성들이 어떤 복을 누리게 되는지도 체험하게 될 것입니다. 다윗은 완전하신 왕 예수 그리스도의 모형이 됩니다.

고린도전서 15장은 부활에 관한 교훈을 전합니다. 바울은 육체의 부활이 확실함을 가르칩니다. 예수님은 육체로 부활하셨습니다. 베드로와 제자들이 그것을 목격했습니다. 바울도 부활하신 예수님을 봤습니다. 그럼에도 불구하고 죽은 자의 부활이 없다고 말하는 사람들이 교회 안에 있었습니다. 바울은 흔들리는 성도들에게 만약 부활이 없다면 우리가 전파하는 것도 헛것이고 믿음도 헛것이라고 말합니다. 왜냐하면 그리스도 안에서 우리가 바라는 것이 이 세상의 삶뿐이면 모든 사람 가운데 우리가 더욱 불쌍한 사람이 되기 때문입니다. 그러나 우리가 즐겁고 감사한 것은 그리스도께서 죽은 자 가운데서 부활의 첫 열매가 되심으로 우리의 소망이 되

셨기 때문입니다. 그리스도의 부활 안에서 사망은 더 이상 왕 노릇을 못하게 되었습니다. 우리는 썩지 않는 육체를 입고 다시 살아날 것입니다. 그러므로 우리는 견실하며 흔들리지 말고 항상 주의 일에 더욱 힘쓰는 자들이 되어야 합니다.

에스겔 13장은 거짓 선지자들에 관한 내용입니다. 거짓 선지자들은 자신의 심령에 따라 예언을 합니다. 그들은 황무지에 있는 여우 같습니다. 먹을 것을 찾아 헤매는 탐욕스러운 자입니다. 그들은 하나님의 말씀이 아닌 것을 하나님의 말씀이라고 속입니다. 예컨대, 평화가 없음에도 불구하고 평화가 있다고 말합니다. 하나님은 그들을 반드시 심판하실 것입니다. 거짓 선지자 중에는 여자들도 있습니다. 그녀들은 자기 마음대로 예언을 합니다. 그로 말미암아 죽지 아니할 영혼을 죽이고 살지 못할 영혼을 살립니다. 그녀들도 하나님의 심판을 피하지 못할 것입니다. 자기 생각과 마음으로 하나님의 말씀을 전해서는 안 됩니다. 그런 방식으로 말씀을 공부해서도 안 됩니다. 성도는 자신이 가지고 있는 모든 것을 동원하여 하나님의 말씀을 바르게 이해하고 바르게 전해야 합니다.

시편 52편과 **시편 53편**과 **시편 54편**에는 악인의 특징들이 나옵니다. 악인은 악한 계획을 스스로 자랑합니다. 거짓말을 합니다. 남을 해치는 말을 좋아합니다. 또한 악인은 그 마음속으로 하나님이 없다고 생각합니다. 그래서 부패하고 가증한 악행을 뻔뻔하게 행합니다. 그러나 하나님은 이 모든 악행을 지켜보십니다. 때가 오면 그들을 흩어 버리실 것입니다. 그러므로 성도는 하나님을 자기 힘으로 삼고 하나님으로 기뻐하며 살아야 합니다. 도우시는 하나님께 간구하고 환난에서 건지시는 하나님께 감사를 드려야 합니다. "그러나 나는 하나님의 집에 있는 푸른 감람나무 같음이여 하나님의 인자하심을 영원히 의지하리로다"(52:8).

9월 September 11

사무엘하6장 • 고린도전서16장 • 에스겔14장 • 시편55편

사무엘하 6장은 다윗이 하나님의 궤를 다윗성으로 옮기는 장면입니다. 다윗은 하나님의 궤를 옮기려고 계획합니다. 하나님의 궤를 옮겨 오는 것은 상징적인 행위입니다. 이스라엘을 떠났던 하나님의 영광이 다시 돌아오는 것이기 때문입니다. 다윗은 아비나답의 집에서 하나님의 궤를 가지고 옵니다. 그런데 그 과정에서 큰 사고가 일어납니다. 소들이 날뛰는 바람에 웃사가 하나님의 궤에 손을 댑니다. 그 즉시 하나님께서 치심으로 그가 죽습니다. 하나님은 참으로 거룩하십니다. 결국 다윗은 하나님의 궤를 오벧에돔의 집에 잠시 보관합니다. 시간이 흘러 다윗은 오벧에돔의 집이 큰 복을 얻었다는 소식을 들었고, 다시 한 번 하나님의 궤 옮기기를 시도합니다. 다윗성으로 하나님의 궤가 들어올 때 얼마나 기뻤는지 다윗이 춤을 춥니다. 복되신 하나님께서 다시 이스라엘 가운데 들어오신 것이기 때문입니다. 하나님을 마음에 모시고 사는 사람은 복됩니다. 하나님의 임재를 삶의 중심에서 경험하는 사람은 참으로 복됩니다. 하나님을 중심으로 삶을 질서 있게 만드는 자는 이 땅에서도 분명히 은혜를 얻고 신령한 복을 받을 것입니다.

고린도전서 16장은 바울이 연보에 관하여 말한 후에 마지막 인사를 하는 내용입니다. 바울은 매주 첫날에 연보를 하라고 권면합니다. 이 연보는 어려움에 처한 예루살렘을 위한 것입니다. 바울은 할 수만 있다면 고린도교회에 잠시 들르고 싶어 했습니다. 또한 디모데가 방문했을 때 그를 멸시하지 말고 잘 대해 줄 것을 부탁합니다. 그리고 여러 사람들을 소개하고 부탁한 후에 인사를 전하며 편지를 끝냅니다. "주 예수 그리스도의 은혜가 너희와 함께하고 나의 사랑이 그리스도 예수 안에서 너희 무리와 함께할 지어다"(23-24절).

에스겔 14장에는 장로들의 우상 숭배를 책망하시는 하나님께서 등장하십니다. 에스겔을 찾아온 장로들의 마음속에 우상이 있었습니다. 하나님은 사람의 심중을 살펴보십니다. "이 사람들이 자기 우상을 마음에 들이며 죄악의 걸림돌을 자기 앞에 두었으니 그들이 내게 묻기를 내가 조금인들 용납하랴"(3절). 하나님은 회개를 요청하십니다. 회개란 마음을 돌이켜서 우상을 떠나는 것입니다. 하나님은 지금까지 끊임없이 죄에 대해서는 확실한 심판이 있음을 강조하셨습니다. 하나님께서 심판하려고 결정하신 순간부터는 아무도 그것을 막을 수 없습니다. 노아, 다니엘, 욥과 같은 자도 자신의 공의로 자신의 생명만 건질 수 있을 뿐입니다. 그만큼 심판을 선언하시는 하나님의 의지는 단호합니다. 안일한 생각과 막연한 기대를 버리고 하나님께서 말씀하시는 바를 똑바로 보고 들어야 합니다. 그리고 경고를 받고 단호하게 죄를 물리쳐야 합니다. 하나님은 죄를 미워하십니다.

시편 55편은 구원을 호소하는 다윗의 기도입니다. 다윗은 하나님께서 기도에 반응해 주시기를 바랍니다. 지금 다윗의 상황은 매우 좋지 않습니다. 근심이 있습니다. 원수의 소리와 악인의 압제 때문입니다. 사망의 위험이 가까이 와 있습니다. 도망가고 싶고 피신 가고 싶을 뿐입니다. 이제 다윗이 호소하는 분은 하나님밖에 없습니다. 하나님께서 대적자들을 치시고 구원의 손길을 펼치셔야 합니다. 이것이 다윗의 간절한 소원입니다. "하나님이여 주께서 그들로 파멸의 웅덩이에 빠지게 하시리이다 피를 흘리게 하며 속이는 자들은 그들의 날의 반도 살지 못할 것이나 나는 주를 의지하리이다"(23절). 하나님께로 달려갑시다. 그 어떤 위험 속에서도 하나님은 우리를 지키십니다.

9월 September 12

사무엘하7장 • 고린도후서1장 • 에스겔15장 • 시편56-57편

사무엘하 7장에는 다윗 언약이 나옵니다. 하나님께서 주위의 모든 원수를 무찔러 주셨습니다. 다윗에게 평안이 찾아왔습니다. 다윗은 하나님의 궤가 있을 하나님의 집을 짓고 싶어 합니다. 그러나 하나님은 다윗의 제안을 거절하시고 오히려 다윗에게 집을 지어 주겠다고 약속하십니다. "여호와가 너를 위하여 집을 짓고"(11절). 하나님은 다윗의 집을 지으셔서 그의 왕위를 견고하게 하실 것을 약속하십니다. 이 약속은 단순히 다윗을 향한 것만은 아닙니다. 예수 그리스도에게까지 나아가는 약속입니다. 다윗은 감사의 기도를 드립니다. 우리가 하나님께 드리는 것보다 하나님께서 우리에게 주시는 것이 항상 앞섭니다. 그리고 훨씬 더 큽니다. 하나님은 우리의 아버지가 되시기 때문입니다(14절).

고린도후서 1장에서는 바울이 고린도교회를 방문할 계획을 연기하겠다는 소식을 전합니다. 바울은 위로가 사명이 된다는 사실을 전합니다. "우리의 모든 환난 중에서 우리를 위로하사 우리로 하여금 하나님께 받는 위로로써 모든 환난 중에 있는 자들을 능히 위로하게 하시는 이시로다"(4절). 환난 속에서 하나님께 위로를 받은 사람은 환난 중에 있는 사람을 위로할 수 있습니다. 그래서 바울은 자신이 받는 환난이 성도들을 위로하고 구원하기 위한 것이라고 말합니다. 또한 바울은 고린도에 갈 계획을 연기합니다. 그것이 고린도교회에 유익이 될 것이라 생각했기 때문입니다. 이 결정에는 그들의 믿음을 주관하기보다는 돕는 자가 되고 싶은 바울의 마음이 잘 녹아 있습니다. 때로는 강하게 질책하고 권면해야 합니다. 그러나 때로는 시간을 두고 스스로 해결하도록 기다려야 합니다. 무엇이 되었든 다른 이의 유익을 위해서 결정을 해야 합니다. 좋은 일이라고 해서 자신이 하고 싶은 대로 마음껏 하지 말고 무엇이 다른 이에게 가장 큰 기쁨을 줄 수 있

을지를 고려합시다.

에스겔 15장은 쓸모없는 포도나무 비유입니다. 열매를 맺지 못하는 포도나무는 활용 가치가 없습니다. 그저 땔감에 불과합니다. 하나님은 지금 예루살렘이 열매 맺지 못하는 포도나무와 같다고 말씀하고 계십니다. 아무 쓸모없는 그들을 불로 태워 버릴 것이라고 말씀하십니다. 하나님께서 침묵하시는 시간이 끝나면 하나님께서 대적하시는 시간이 찾아옵니다. 그때는 불과 심판만 있을 뿐입니다. 경고를 받아야 합니다. 지나치게 안일한 생각을 갖지 말고 급히 임할 그날을 준비하며 깨어 있어야 합니다.

시편 56편과 **시편 57편**은 위기에 처한 다윗이 하나님께 도움을 구하는 기도입니다. 시편 56편은 가드에서 블레셋 사람에게 잡힌 때에 하나님께 호소한 기도입니다. 다윗은 먼저 자신의 위태로운 상황을 묘사합니다. 삼키려 하는 사람과 치려 하는 사람이 많다고 합니다. 그들은 말을 왜곡하고 사악한 생각을 갖고 있습니다. 다윗은 지금 이 상황이 두렵다고 말합니다. 그러나 바로 그 순간에 하나님을 의지하겠다고 다짐합니다. "내가 두려워하는 날에는 내가 주를 의지하리이다"(3절). 하나님께서 내 편이시니 하나님을 의지하겠다는 것인데, 이 짧은 시에 하나님을 의지하겠다는 말이 여섯 번이나 나올 만큼 다윗의 마음은 간절합니다. 시편 47편은 다윗이 사울을 피하여 동굴에 있던 때에 하나님께 호소한 기도입니다. 마찬가지로 다윗은 하나님께 열심히 간청합니다. 이 재앙들이 지나갈 때까지 주의 날개 아래에 피해 있겠다고 합니다. 이 와중에도 하나님을 찬양합니다. 위기는 사람의 모든 것을 집어삼키는 경향이 있습니다. 생각과 의지가 완전히 사로잡혀 버립니다. 그러나 성도는 그 위기 속에서 하나님을 바라보아야 합니다. 하나님께 도움을 호소하고 하나님을 의지하며 하나님께 영광을 돌려야 합니다. 결국 하나님께서 모든 것을 궁극적으로 다스리시기 때문입니다.

9월 September 13

사무엘하8-9장 • 고린도후서2장 • 에스겔16장 • 시편58-59편

사무엘하 8장과 **사무엘하 9장**은 승승장구하는 다윗의 이야기입니다. 하나님께서 다윗의 집을 지어 주겠다고 약속하신 후에 다윗은 어디를 가든지 항상 승리를 거둡니다. 다윗은 승리하는 왕입니다. 블레셋, 모압을 쳐서 이깁니다. 소바 왕 하닷에셀과의 전쟁에서도 완승을 거둡니다. 하맛 왕 도이는 스스로 조공을 바칩니다. 소금 골짜기에서는 에돔을 이깁니다. 다윗의 승리는 다윗의 공로 때문이 아닙니다. 하나님께서 그와 함께하시기 때문에 얻게 된 것입니다. 하나님께서 함께하시는 자는 형통합니다. 또한 다윗은 요나단의 아들에게 은총을 베풉니다. 그를 왕자 중 하나처럼 여겨 왕의 상에서 밥을 먹게 하고 보호해 줍니다. 다윗은 참된 왕이신 예수 그리스도의 모형입니다. 다윗이 다른 민족과의 전쟁에서 승리를 거두고 나라를 평안케 한 것처럼 예수님 안에 있으면 평안을 누립니다. 다윗이 원수의 아들을 자기 아들같이 대한 것처럼 예수님 안에 있으면 원수였던 우리가 하나님의 아들같이 됩니다. 예수 그리스도는 참된 왕이시니 그분을 온전히 섬겨서 평안과 자비를 얻으시기를 바랍니다.

고린도후서 2장은 용서를 말하는 바울의 교훈입니다. 바울이 고린도교회에 방문하지 않는 이유가 있었습니다. 바울의 방문이 고린도교회에 근심을 줄까 염려했기 때문입니다. 일전에 보냈던 바울의 편지로 말미암아 고린도교회는 이미 큰 근심에 빠져 있었습니다. 특히 바울은 많은 사람들을 근심하게 만든 누군가를 용서하고 그에게 사랑을 베풀라고 권합니다. 그는 벌을 받기에 충분했지만 교회는 그를 용서해야 했습니다. "너희가 무슨 일에든지 누구를 용서하면 나도 그리하고 내가 만일 용서한 일이 있으면 용서한 그것은 너희를 위하여 그리스도 앞에서 한 것이니"(10절). 그리스도인은 언제 어디에서나 누구에게든지 그리스도의 향기입니다. 가장

그리스도인다운 모습은 용서할 때 나타납니다. 그리스도인은 넘치는 은혜로 용서를 받았습니다. 그러므로 참된 그리스도인이라면 항상 용서할 준비를 갖추고 있어야 합니다. 도무지 용서할 줄 모르는 사람은 자신의 그리스도인 됨을 깊이 묵상해 보십시오. 용서하지 않고는 버틸 수 없을 것입니다.

에스겔 16장은 하나님께서 간음한 여인과 같은 예루살렘을 벌하시겠다고 선언하시는 장면입니다. 하나님은 예루살렘이 어떤 상태인지 비유로 설명하십니다. 그녀의 아버지는 아모리 사람이요 어머니는 헷 사람입니다. 온 몸이 피투성이인 채로 버림받았습니다. 하나님께서 그녀를 데려다가 지극정성으로 돌보셨습니다. 옷으로 덮어 주셨고 피를 씻어 주셨으며 아름다운 장신구로 치장해 주셨습니다. 그런데 그녀가 자신의 화려함을 믿고 지나가는 모든 자들과 행음했습니다. 구원하시고 돌보신 하나님께 반역하고 온갖 우상 숭배를 저질렀다는 뜻입니다. 이제 하나님은 이 간음한 여인과 같은 예루살렘을 심판하기로 결정하십니다. 그러나 하나님의 언약은 영원합니다. 비록 지금은 심판하시지만 그들을 다시 용서하실 것입니다. 이것이 아버지 되신 하나님의 마음입니다.

시편 58편은 악한 통치자들을 향한 심판을 요청하는 다윗의 기도입니다. 다윗은 정의를 행하지 않는 통치자들을 고발합니다. 그들은 악을 행하고 폭력을 행합니다. 다윗은 하나님께서 그들의 힘을 꺾고 소멸시키시기를 기도합니다. "그때에 사람의 말이 진실로 의인에게 갚음이 있고 진실로 땅에서 심판하시는 하나님이 계시다 하리로다"(11절). **시편 59편**은 사울이 사람을 보내어 다윗을 죽이려고 그 집을 지킨 때에 간구한 기도입니다. 자신의 생명을 노리는 그들 앞에서 다윗은 하나님께 도움을 간청합니다. 그들을 벌하시고 자신의 생명을 보호해 달라고 기도합니다. "나의 힘이시여 내가 주께 찬송하오리니 하나님은 나의 요새이시며 나를 긍휼히 여기시는 하나님이심이니이다"(17절).

사무엘하 10장은 암몬과의 전쟁 이야기입니다. 다윗은 암몬에게 자비를 베풀기 원했습니다. 그러나 암몬의 왕 하눈은 다윗의 사절단을 모욕하고 제안을 거절했습니다. 전쟁이 일어났습니다. 암몬은 아람 사람들을 고용했습니다. 다윗은 요압을 내세웠습니다. 전쟁은 요압의 일방적인 승리로 끝났습니다. 아람 사람들이 더 많은 사람들을 모아서 요단을 건너 왔습니다. 이번에는 다윗이 직접 나섭니다. 마찬가지로 다윗의 일방적인 승리였습니다. 본문은 다윗과 그의 나라가 얼마나 강한지를 잘 보여 줍니다. 사울왕 시절에는 꿈에도 생각할 수 없는 일들이 다윗 왕국에서 벌어지고 있는 것입니다. 백성과 나라에게 참된 왕이 얼마나 중요한지를 잘 보여 줍니다.

고린도후서 3장은 새 언약의 일꾼의 특징을 말합니다. 바울은 고린도교회가 자신의 편지라고 말합니다. 고린도교회를 보면 바울이 전하는 복음을 읽을 수 있기 때문입니다. 마찬가지로 우리는 그리스도의 편지입니다. 우리를 보고 그리스도를 읽을 수 있기 때문입니다. 바울은 자신이 새 언약의 일꾼이라고 말합니다. 새 언약의 일꾼은 율법에 따르지 않고 오직 영에 따릅니다. 율법에 따른 것보다 영에 따른 것이 더 탁월합니다. "주는 영이시니 주의 영이 계신 곳에는 자유가 있느니라"(17절). 그 영은 그리스도의 영으로 그리스도를 통하여 영광을 밝히 볼 수 있기 때문입니다. 우리가 그리스도 안에서 자유를 얻게 되었음을 잊지 맙시다. 그리고 그리스도의 편지로 그리스도를 읽을 수 있도록 살아갑시다.

에스겔 17장에는 두 개의 비유가 나옵니다. 먼저 나오는 독수리 비유는 바벨론 왕과 예루살렘의 마지막 왕 곧 시드기야의 관계를 보여 줍니다. 크고 화려한 독수리는 바벨론의 왕 느부갓네살을 뜻합니다. 또 다른 독수리는 애굽 왕을 말합니다. 바벨론 왕에 의해 심긴 포도나무는 시드기야를 의미합니다. 그런데 이 포도나무가 두 번째 독수리를 향합니다. 결국 첫 번째 독수리 곧 바벨론 왕이 그를 징계합니다. 이 비유는 시드기야왕의 어리석음을 보여 줍니다. 하나님께서 그토록 말씀하셨음에도 불구하고 바벨론을 버리고 애굽을 따랐던 그가 얼마나 미련한지를 설명하고 있습니다. 다음으로 나오는 백향목 비유는 하나님의 구원을 상징합니다. 하나님은 백향목 가지 하나를 꺾어서 이스라엘 높은 산에 심으십니다. 그 가지는 열매를 맺는 아름다운 백향목이 될 것입니다. 하나님께서 그렇게 하실 것입니다. 황폐화된 예루살렘성이 다시 높아질 것입니다. 이 구원의 중심에 예수 그리스도께서 계십니다.

시편 60편은 전쟁의 승리를 위해 하나님께 간청하는 다윗의 기도입니다. 다윗은 전쟁 중에 있습니다. 아마도 패배한 것 같습니다. "하나님이여 주께서 우리를 버려 흩으셨고 분노하셨사오나 지금은 우리를 회복시키소서"(1절). 다윗은 전쟁의 승리가 하나님께 있음을 알았습니다. 그래서 오직 하나님께 나아가 도움을 요청합니다. 사람의 구원은 헛되니 하나님을 의지하여 용감히 행하겠다고 다짐합니다. 실패했을 때는 더욱 하나님을 의지해야 합니다. 하나님께서 모든 것을 좌우하십니다. **시편 61편**은 기도에 응답해 주시기를 간구하는 다윗의 기도입니다. 다윗은 하나님께서 기도를 들어주시기를 간절히 요구합니다. 하나님은 피난처가 되시기 때문입니다. 주의 장막에 머물고 주의 날개 아래에 피하는 것이 가장 좋은 일입니다. 하나님 앞에서 거주하는 것이 어찌 그리 좋은지요!

사무엘하 11장은 밧세바를 범하는 다윗의 이야기입니다. 암몬과의 전쟁에서 큰 승리를 거둘 때 다윗은 예루살렘성에 있었습니다. 거기서 목욕을 하는 아름다운 여인을 봅니다. 밧세바입니다. 욕정을 참지 못한 다윗이 그녀와 동침하고 그녀는 곧 임신을 합니다. 문제는 그녀가 유부녀였다는 것입니다. 다윗은 그녀의 남편 우리아를 불러들입니다. 우리아로 하여금 아내와 동침하게 해서 완전 범죄를 시도한 것입니다. 그러나 우리아는 동료들이 전쟁 중에 고생을 하는데 자기 혼자 편히 있을 수 없다는 이유로 집에 들어가지 않습니다. 결국 다윗은 요압에게 명령하여 전쟁 중에 우리아가 죽도록 일을 꾸밉니다. 우리아는 죽고 다윗이 그의 아내 밧세바를 취합니다. 다윗은 참된 왕의 모형일 뿐 참된 왕은 아닙니다. 악한 성정이 남아 있는 왕입니다. 다윗이 한 짓은 하나님 보시기에 참으로 악했습니다. 자신이 악한 왕에게 억울한 일을 수없이 당해 놓고도 지금 스스로 악한 왕이 되어 억울한 희생자를 만들어 버린 것입니다. 이 얼마나 참담한 짓입니까? 자신이 저지른 악을 감추기 위해 점점 더 큰 악을 행하는 다윗의 모습을 보십시오. 그 어떤 사람도 완전할 수 없습니다. 우리 모두에게는 하나님의 크신 긍휼과 자비가 필요합니다.

고린도후서 4장은 주 예수 그리스도를 전파하는 직분을 얻은 바울의 고백입니다. 바울은 낙심하지 않습니다. 하나님의 긍휼과 은혜 속에서 부르심을 입었기 때문입니다. 그렇기에 사람들의 평가나 비방에 흔들리지 않습니다. "우리는 우리를 전파하는 것이 아니라 오직 그리스도 예수의 주 되신 것과 또 예수를 위하여 우리가 너희의 종 된 것을 전파함이라"(5절). 바울은 이것을 질그릇에 담긴 보배로 비유합니다. 질그릇은 자기 자신입니다. 자신에게는 아무런 능력이 없습니다. 볼품도 없습니다. 보배는 예수 그리스도입니다. 그래서 온갖 고난을 받는 중에도 아주 망하지 않습니다. 자신에게 능력이 있어서 그런 것이 아니라 보배이신 예수 그리스도 덕분에 그런 것입니다. 그러므로 바울은 자신을 드러내기보다 그리스도 예수를 드러내기 위해 삽니다. 온갖 고초를 겪으며 겉 사람은 낡아질 수 있지만 속사람은 날마다 새로워지니 낙심할 이유가 없습니다. 우리가 바라보는 것은 잠깐 보였다가 사라지는 것들이 아니요 보이지 않으나 영원히 있는 것들입니다. 우리 자신에게 주목하지 말고 우리 안에 담긴 예수 그리스도를 높입시다. 말과 행동이 모두 그리스도의 편지가 되도록 합시다.

에스겔 18장은 심판은 모두 자기 자신의 죄로 말미암은 것이라는 교훈입니다. 당시 유행하던 속담이 있었습니다. "아버지가 신 포도를 먹었으므로 그의 아들의 이가 시다"(2절). 이것은 조상들의 죄로 말미암아 지금 이스라엘이 고통당하고 있다는 식의 한탄이 섞인 속담입니다. 이에 대해 하나님은 모든 사람은 각기 자신의 죄로 말미암아 심판을 당한다고 말씀하십니다. 의인은 반드시 삽니다(9절). 의인의 아들이 악행을 저지르면 심판을 받습니다(13절). 심판을 받은 자의 아들이 의를 행하면 삽니다(17절). 뿐만 아니라 악인이 자신의 죄에서 돌이켜 떠나 다시 의를 행하면 삽니다(21절). 하나님은 악인이 죽는 것을 기뻐하시지 않습니다. 항상 돌이키기를 원하십니다. 그러므로 하나님께서 공평하시지 않다고 불평하는 자들은 하나님이 누구시고 자신이 저지른 죄가 무엇인지를 모르는 사람들입니다. 하나님은 죽을 자가 죽는 것을 기뻐하지 않으십니다. "너희는 스스로 돌이키고 살지니라"(32절). 회개합시다. 회개는 하나님의 친절을 만나는 유일한 길입니다.

시편 62편과 **시편 63편**은 하나님을 의지하고 찾는 자들의 기도입니다. 하나님은 반석이시요 구원이시요 요새이십니다. 그러므로 그분을 의지하는 자는 요동치 않습니다. 하나님은 인자하시고 도우시는 분입니다. 그러므로 하나님을 가까이하는 자는 하나님을 즐거워할 수 있게 됩니다. 하나님 앞으로 나아갑시다.

9월 September 16

사무엘하12장 • 고린도후서5장 • 에스겔19장 • 시편64-65편

사무엘하 12장은 다윗이 회개하는 이야기입니다. 밧세바를 취하고 우리아를 죽인 다윗에게 나단이 찾아옵니다. 그리고 가난한 이에게서 암양 새끼 한 마리를 빼앗은 부자 비유를 전합니다. 분노하는 다윗에게 그가 바로 당신이라고 정죄합니다. 그리고 하나님께서 모든 것을 알고 계시고 큰 재앙을 준비하고 계신다는 말을 전합니다. 다윗이 즉시 회개합니다. 그러나 밧세바가 낳은 다윗의 아이는 끝내 죽습니다. 하나님의 징계가 다윗의 집에 내린 것입니다. 다윗과 밧세바는 다시 동침하여 솔로몬을 낳습니다. 본문은 다윗의 회개를 자세히 기록하지 않았지만, 시편 51편을 보면 당시 다윗의 심정이 어떠한지를 알 수 있습니다. 다윗은 참으로 절박했습니다. 하나님의 영이 자신을 떠날까 두려워했습니다. 하나님이 사라진 인생은 상상도 할 수 없었습니다. 하나님께 매달리고 매달려서 기어코 용서를 받습니다. 죄를 저지르면 안 됩니다. 그러나 만약 우리가 하나님과 사람 앞에서 범죄하였다면 철저히 회개해야 합니다. 회개만이 살 길입니다.

고린도후서 5장은 자신이 맡은 화목하게 하는 직분에 대한 바울의 설명입니다. 바울의 사도권은 계속해서 공격을 받았습니다. 고린도교회 안에서도 바울이 진짜 사도인지를 놓고 격론이 벌어졌습니다. 거짓 교사들이 주로 그 일을 했습니다. “우리가 다시 너희에게 자천하는 것이 아니요 오직 우리로 말미암아 자랑할 기회를 너희에게 주어 마음으로 하지 않고 외모로 자랑하는 자들에게 대답하게 하려 하는 것이라”(12절). 바울은 몸을 떠나 주와 함께 있기를 간절히 원합니다. 그러나 몸으로 있든지 떠나든지 항상 주를 기쁘시게 하는 것이 그의 목표입니다. 그리스도께서 모든 사람을 위하여 죽으심은 살아 있는 자들로 하여금 다시는 그들 자신을 위하여 살지 않고 오직 그들을 대신하여 죽었다가 다시 살아나신 이를 위하여 살

게 하려 함이기 때문입니다(15절). 하나님은 그리스도로 말미암아 화목하게 하셨고, 화목하게 하시는 직분도 주셨습니다. 그러므로 바울이 고린도교회 성도들에게 간절히 원하는 것은 딱 한 가지입니다. 하나님과 화목하는 것입니다. "하나님이 죄를 알지도 못하신 이를 우리를 대신하여 죄로 삼으신 것은 우리로 하여금 그 안에서 하나님의 의가 되게 하려 하심이라"(21절).

에스겔 19장은 유다 왕들을 위한 애가입니다. 비유를 통해서 노래하는데, 처음에 나오는 애굽으로 끌려간 왕은 여호아하스를 말합니다. 그 다음에 나오는 바벨론 왕에게 끌려간 사람은 여호야긴왕입니다. 마지막으로 나오는 더 이상 가지를 내지 못하는 사람은 시드기야왕입니다. 하나님은 유다의 마지막 왕들이 어떻게 망했는지를 언급하시며 그들을 위해 애가를 부르라고 말씀하십니다. 비록 자기 죄로 말미암아 망한 자들이지만 그들의 멸망은 슬픈 일입니다. 하나님은 악한 자들이 죽는 것을 좋아하시지 않기 때문입니다. 슬퍼하고 회개하여 돌이켜야 합니다.

시편 64편과 **시편 65편**은 하나님께 도움을 구하는 기도입니다. 시편 64편을 보면, 다윗은 생명의 위협을 받고 있습니다. 악을 꾀하는 자들이 다윗을 거꾸러뜨리려고 음모를 꾸미고 있습니다. 악한 목적을 갖고 서로 격려하면서 남몰래 올무를 놓으려고 합니다. 다윗은 하나님께서 오히려 그들을 거꾸러뜨리시기를 간구합니다. 하나님께서 모든 음모를 찾아내시고 악을 꾀하는 자들을 공격하시기를 간구합니다. 하나님은 마음이 정직한 자의 자랑이 되십니다. 시편 65편에서 다윗은 하나님의 구원과 섭리를 높입니다. 하나님은 기도를 들어주십니다. 허물을 용서해 주십니다. 산을 세우시고 바다를 진정시키시며 땅을 돌보십니다. 이와 같은 분을 높이지 않고 누구를 높일 수 있겠습니까? 하나님이야말로 찬양받기에 합당하신 분입니다.

사무엘하13장 • 고린도후서6장 • 에스겔20장 • 시편66-67편

사무엘하 13장은 다윗의 자녀들 사이에서 벌어지는 이야기입니다. 지금까지 거의 완벽한 왕으로 나오던 다윗의 치부가 밧세바 사건을 시작으로 계속해서 드러납니다. 다윗에게는 다말이라는 딸이 있었습니다. 그런데 다윗의 배다른 아들 암논이 그녀를 사랑했습니다. 암논은 계략을 꾸며서 다말을 자기 집으로 불러들입니다. 그리고 억지로 그녀를 취한 후에 갑자기 그녀를 버립니다. 다윗은 소식을 듣고 분노했지만 아무런 조치를 취하지 않습니다. 자신은 그보다 더한 성범죄를 저질렀기 때문입니다. 죄의 결과는 항상 치명적입니다. 점점 사건이 커집니다. 다말에게는 압살롬이라는 오빠가 있었습니다. 압살롬은 치밀했습니다. 이 년을 준비한 뒤에 암논을 죽여 버립니다. 압살롬이 다윗과 다른 왕자들을 피해 도망합니다. 이 모든 일들은 밧세바 사건의 영향입니다. 그때 다윗을 꾸짖었던 나단 선지자는 다윗의 집에 재앙이 내릴 것이라고 예언하였는데, 그 예언이 고스란히 성취되고 있습니다. 죄의 결과는 항상 치명적입니다. 회개하면 용서해 주신다고 해서 쉽게 죄를 지어서는 안 됩니다.

고린도후서 6장은 하나님의 은혜를 헛되이 받지 말라고 권합니다. 바울은 하나님의 은혜를 값싸게 취급하지 말라고 교훈합니다. 먼저 바울은 이 은혜의 복음을 전하기 위해 자신이 치른 대가들을 언급합니다. 환난, 궁핍, 고난, 매 맞음, 갇힘, 난동, 수고로움 등입니다. 또한 성도는 하나님의 성전입니다. 하나님의 성전과 우상이 함께 있을 수 없습니다. 그리스도와 벨리알이 서로 조화를 이룰 수 없습니다. 은혜의 복음을 받은 사람은 그 복음에 합당하게 살아가야 합니다. 과거처럼 우상을 섬기면서 동시에 그리스도를 섬길 수는 없습니다. 우상을 버리기 위해 치러야 할 대가가 있다면 마땅히 다 치러야 합니다. 하나님의 은혜를 헛되이 받지 맙시다.

에스겔 20장은 이스라엘의 역사를 되짚습니다. 장로들이 찾아옵니다. 하나님은 그들에게 묻기를 용납하시지 않습니다. 대신에 그들의 조상들이 행한 가증한 일들을 언급하십니다. 하나님은 애굽에서 그들을 이끌어서 그들에게 젖과 꿀이 흐르는 땅을 주셨습니다. 그런데 그들은 애굽에서도 가증한 우상들을 섬겼고 광야에서도 가증한 우상들을 섬겼습니다. 심지어 하나님께서 허락하신 땅에서도 하나님께 반역하고 가증한 우상들을 섬겼습니다. 결국 그들은 하나님께서 말씀하신 대로 심판을 받았습니다. 그러나 하나님은 다시 그들을 회복시키실 작정입니다. "내가 너희를 인도하여 여러 나라 가운데에서 나오게 하고 너희가 흩어진 여러 민족 가운데에서 모아 낼 때에"(41절). 사람들의 그 끈질긴 반역의 역사와 대조되는 더 끈질긴 하나님의 사랑의 역사입니다. 이것이 우리의 소망입니다.

시편 66편과 **시편 67편**은 하나님을 향한 찬양입니다. 하나님께서 행하신 것을 봅시다. 하나님은 바다를 변하여 육지가 되게 하시므로 사람들이 강을 건너게 하셨습니다. 불과 물을 통과하여 풍부한 곳에 들이셨습니다. 모든 나라들을 살피시고 다스리셨습니다. 하나님께서 행하신 것들을 헤아리면 하나님을 찬양하고 하나님을 예배할 수밖에 없습니다. 모든 민족이 주를 찬송하고 온 백성이 주를 기뻐해야 마땅합니다. "하나님이 우리에게 복을 주시리니 땅의 모든 끝이 하나님을 경외하리로다"(67:7).

사무엘하 14장은 다윗이 압살롬을 받아들이는 이야기입니다. 요압이 다윗의 마음을 알아챘습니다. 한 여인을 동원하여 다윗이 압살롬을 데려올 수 있도록 자극합니다. 다윗이 요압에게 명령하여 압살롬을 데려옵니다. 하지만 만나 주지는 않습니다. 압살롬은 이 년 동안이나 다윗을 보지 못하자 요압에게 하소연을 합니다. 다윗이 압살롬을 만나 줍니다. 다윗이 모든 부분에서 판단이 조금씩 늦는 것을 볼 수 있습니다. 실행 능력도 과거와 같지 않습니다. 오히려 요압이 본문의 사건을 주도합니다. 다윗과 압살롬이 화해하기는 했지만 둘 사이에는 여전히 불편한 무엇인가가 있어 보입니다. 본문은 밧세바 사건 이후 총기를 잃어 가는 다윗의 모습을 보여 주고 있습니다.

고린도후서 7장은 바울이 고린도교회의 회개를 기뻐하는 내용입니다. 고린도교회 안에는 바울을 음해하는 세력들이 있었습니다. 그 때문에 바울은 끊임없이 고통을 당했습니다. 가장 큰 문제는 바울이 전한 복음까지 의심을 당한 것입니다. 그래서 바울은 이렇게 말합니다. "마음으로 우리를 영접하라 우리는 아무에게도 불의를 행하지 않고 아무에게도 해롭게 하지 않고 아무에게서도 속여 빼앗은 일이 없노라"(2절). 바울은 고린도교회 사람들이 자신의 편지로 심히 근심했다는 말을 듣고 후회했습니다. 그러나 지금은 후회하지 않습니다. 그 편지 때문에 그들이 근심하고 회개에 이르렀기 때문입니다. 하나님의 뜻대로 하는 근심은 후회할 것이 없는 구원에 이르게 하는 회개입니다(10절). 하나님의 뜻대로 하는 근심이 간절하게 하고 변증하게 하며 분하게 하고 두렵게 하며 사모하게 하고 열심 있게 만들었습니다(11절). 그것이 바울의 위로가 되었습니다. 하나님의 말씀을 깊이 묵상하면서 자신의 죄 때문에 근심하는 것은 참 복된 일입니다. 자신의 잘못을 보며 괴로워하는 것도 복된 일입니다. 그것이 우리로 하여금 더욱 복음에 합당한 삶을 향해 살아가도록 만들기 때문입니다.

에스겔 21장에는 심판하시는 여호와의 칼이 나옵니다. 하나님은 이스라엘을 향해 칼을 뽑으십니다. 가장 큰 문제는 그 칼이 다시 칼집에 꽂히지 않는다는 점입니다(4절). 하나님은 에스겔에게 행동 예언을 하나 더 시키십니다. 허리가 끊어지듯 탄식하는 것입니다. 재앙이 다가온다는 소문 때문입니다. 그리고 죽이는 칼 때문에 이스라엘이 어떻게 망할 것인지를 묘사합니다. 특히 바벨론 왕의 칼이 그렇게 할 것입니다. 우리가 하나님을 참 많이 모릅니다. 그중에 하나가 하나님의 거룩하심에 관한 것입니다. 하나님은 단 한 번도 자신의 거룩하심을 포기한 적이 없으십니다. 하나님은 단 한 번도 죄와 섞인 적이 없으십니다. 죄를 제거하시고 죄인을 심판하십니다. 그러므로 우리는 본문과 같은 말씀을 통해 하나님께서 참으로 죄를 미워하신다는 사실을 배워야 합니다. 그리고 회개만이 하나님께로 나아갈 수 있는 길이라는 사실도 명심해야 합니다.

시편 68편은 하나님께서 행하신 일들을 높이는 찬양입니다. 하나님은 광야에서 먼저 앞에 나가 백성을 인도하셨습니다. 시내산 위에서 백성들을 만나 주셨습니다. 비를 주셨고 군대를 물리쳐 주셨습니다. 고아의 아버지가 되어 주셨고 과부의 재판장이 되어 주셨습니다. 참으로 하나님은 당신의 백성을 위해 모든 일을 행하셨습니다. 심지어 지금도 날마다 우리의 짐을 짊어지십니다(19절). 그러므로 하나님을 찬양합시다. 하나님을 높입시다. 하나님께 능력을 돌립시다. 우리가 가진 모든 것을 들어 그분께 예배합시다.

9월 September 19

사무엘하15장 · 고린도후서8장 · 에스겔22장 · 시편69편

사무엘하 15장은 압살롬을 피해 도망가는 다윗의 이야기입니다. 압살롬이 발톱을 드러냅니다. 은근히 왕의 자리를 넘보기 시작합니다. 왕이 해야 할 재판을 자신이 가로챕니다. 이스라엘 사람들의 마음을 훔쳐 갑니다. 그러고는 끝내 헤브론에서 왕이 됩니다. 압살롬이 헤브론에서 왕이 되었다는 소식을 전해 들은 다윗은 피신합니다. 참 기구한 인생입니다. 젊은 시절에는 사울을 피해 도망 다녔는데, 나이를 먹고는 아들을 피해 도망을 갑니다. 다윗은 하나님의 궤를 들고 오려는 제사장들에게 도로 가지고 가라고 합니다. 하나님께서 은혜를 베푸시면 다시 돌아오게 될 것이고 그렇지 않으면 어차피 소용이 없을 것이기 때문입니다. 다윗은 자신을 따라오려는 후새를 다시 돌려보내서 아히도벨의 모략을 막으려고 합니다. 비록 다윗이 밧세바 사건 이후 총기를 잃고 실수를 반복했지만 여전히 하나님을 향한 믿음을 가지고 있었습니다. 그는 이 모든 사건의 주관자가 하나님이심을 알았습니다. 그렇다고 아무것도 하지 않은 것은 아닙니다. 나름대로 계획을 갖고 대비하였습니다. 하나님을 의지하는 자는 하나님께 기도할 뿐만 아니라 상식적인 대비도 함께합니다. 하나님께서 모든 것을 선하게 사용하실 것을 믿기 때문입니다.

고린도후서 8장은 연보를 권합니다. 바울은 가난한 자들을 돕는 일이 꼭 필요함을 가르칩니다. 이것은 명령이 아닙니다. 스스로 사랑의 진실함을 증명하는 일입니다. 너희의 넉넉한 것으로 그들의 부족함을 보충하고 그들의 넉넉한 것으로 너희의 부족함을 보충하라고 합니다. 이것은 그리스도께서 이 땅에서 행하신 일의 원리이기도 합니다. "우리 주 예수 그리스도의 은혜를 너희가 알거니와 부요하신 이로서 너희를 위하여 가난하게 되심은 그의 가난함으로 말미암아 너희를 부요하게 하려 하심이라"(9절).

바울은 이 사역을 위해 디도를 보낸다고 전합니다. 그리스도께서 우리를 위해 행하신 일들을 깊이 묵상하면 우리가 이 땅에서 무엇을 해야 할지가 명확해집니다. 그리스도처럼 행하는 것입니다. 그리스도처럼 이웃을 섬기는 것입니다. 자신의 것을 나누어서 섬기는 것입니다. 자신의 힘과 시간과 재물, 더 나아가 생명까지 나누어서 섬기는 것이 그리스도를 따라가는 제자의 모습입니다.

에스겔 22장은 이스라엘이 저지른 죄가 얼마나 심각한지를 묘사합니다. 그들은 무죄한 자들의 피를 흘렸고 우상 숭배의 죄를 지었습니다. 모든 율법을 어겼습니다. 부모를 업신여겼고 나그네를 학대하였으며 고아와 과부를 해하였습니다. 안식일을 더럽혔고 온갖 음행을 저질렀습니다. 불법으로 돈을 벌었습니다. 당연히 그들은 풀무 불 속에 던져질 것입니다. 선지자, 제사장, 고관, 백성들에 이르기까지 모조리 악행을 저질렀습니다. "이 땅을 위하여 성을 쌓으며 성 무너진 데를 막아서서 나로 하여금 멸하지 못하게 할 사람을 내가 그 가운데에서 찾다가 찾지 못하였으므로"(30절). 죄는 항상 총체적인 영역에서 드러납니다. 교회에서는 선량한데 사회에서는 악랄할 수 없습니다. 사회에서는 착한데 교회에서는 못될 수도 없습니다. 죄로 가득한 사람은 교회와 사회에서 모두 타락한 모습을 보입니다. 이 두 영역을 구분하는 것 자체가 이미 죄가 무엇인지를 모르는 것입니다. 모든 영역에서 거룩함을 추구합시다.

시편 69편은 비난 속에서 구원을 갈망하는 다윗의 기도입니다. 까닭 없이 미워하는 자가 많습니다. 형제에게도 따돌림을 당합니다. 지나다니는 사람들까지 비난하고 조롱합니다. 이 곤고하고 궁핍한 상황에서 다윗은 오직 하나님만 의지합니다. 하나님께서 수렁에서 건지시기를 기도합니다. 자신을 가까이해 주시길 간구합니다. 가난하고 슬픈 자가 하나님을 더욱 쉽게 찾습니다. 마음을 가난하게 하여 하나님께로 나아갑시다.

9월 September 20

사무엘하16장 • 고린도후서9장 • 에스겔23장 • 시편70-71편

사무엘하 16장은 초라한 다윗과 화려한 압살롬을 대조합니다. 시바가 다윗에게 옵니다. 그는 요나단의 아들 므비보셋의 시종입니다. 그는 다윗의 무리들이 먹을 음식을 가득 가지고 와서는 므비보셋은 자신이 왕이 될 생각으로 여기에 오지 않았다고 모함합니다. 시므이라는 사람은 지나가는 중에 다윗을 저주합니다. 아비새가 그를 죽이고자 했으나 다윗이 만류합니다. 그 와중에 압살롬이 당당하게 예루살렘에 입성합니다. 그리고 거짓으로 항복한 후새를 받아들입니다. 아히도벨은 천하의 계략가였습니다. 다윗의 후궁을 모두 차지하여 압살롬이 온 백성들에게 다윗과 같은 왕이 되었다는 사실을 알리도록 합니다. 당장에는 압살롬이 모든 것을 가진 것처럼 보입니다. 반면 다윗은 모든 것을 잃은 것처럼 보입니다. 다윗이 모든 잃었다고 생각하는 사람들은 그를 비난하였습니다. 그러나 승부는 사람의 계략에 달려 있지 않습니다. 하나님께서 최종적인 승패를 좌우하십니다. 지금의 상황에 일희일비하지 말고 날마다 주님께 충성을 바치며 삽시다.

고린도후서 9장은 연보의 몇 가지 원칙을 가르칩니다. 바울은 미리 연보를 준비할 수 있도록 사람을 보낸 것이라고 말합니다. 연보는 미리 준비해야 합니다. 마음에 정한 대로 해야 합니다. 억지로 하지 말아야 합니다. 즐겁게 낼 수 있는 수준에서 해야 합니다. 하나님은 능히 모든 은혜를 넘치게 하십니다. 이와 같은 연보는 성도들의 부족한 것을 보충해 줍니다. 또한 하나님께 영광이 됩니다. 본문이 가르치는 연보는 가난한 자들을 위한 헌금입니다. 가난한 자들을 위해 자신이 가지고 있는 것을 부지런히 나눌

수 있어야 합니다. 만약 나에게 내가 쓸 것보다 조금 더 남은 것이 있다면, 그것은 하나님께서 부족한 자들을 위해서 주신 것입니다. 남은 것을 가난하고 부족한 자들을 위해 연보합시다.

에스겔 23장은 간음한 여인의 비유입니다. 오홀라는 사마리아요 오홀리바는 예루살렘입니다. 이 두 자매는 하나님과 결혼했습니다. 그런데 오홀라 곧 사마리아가 하나님과 결혼한 상태에서 앗수르와 연애를 하였습니다. 결국 그녀는 앗수르의 칼에 망합니다. 오홀리바 곧 예루살렘은 오홀라보다 더욱 간음을 하였습니다. 결국 오홀리바는 바벨론에게 철저히 수치를 당하고 멸망을 당할 것입니다. 재판장이신 하나님은 이들에게 사형을 선고합니다. 그분께서 이렇게 하신 이유는 다음과 같습니다. "이같이 내가 이 땅에서 음란을 그치게 한즉 모든 여인이 정신이 깨어 너희 음행을 본받지 아니하리라"(48절). 본보기로 삼아야 합니다. 그리고 경고를 받아야 합니다. 하나님 안에 속한 자가 우상을 섬기는 것은 간음죄를 짓는 것과 다를 바가 없습니다.

시편 70편과 **시편 71편**은 수치를 당하지 않게 해 달라는 간구입니다. 다윗은 자신이 가난하고 궁핍하니 하나님께서 속히 도움 주시기를 기도합니다. 특히, 자신을 향해 '아하, 아하'하며 조롱하는 자들이 오히려 수치를 당하기를 바랍니다. 원수들이 그를 모해하려고 할 때 오히려 그들이 욕과 수욕으로 덮이기를 바랍니다. 하나님은 반석이시요 요새이시며 소망이시기 때문입니다. 하나님을 신뢰합시다. 하나님의 의를 계속하여 찬양합시다. 하나님께 끊임없이 간구합시다. 하나님께서 도와주실 것입니다.

9월 September 21

사무엘하17장 · 고린도후서10장 · 에스겔24장 · 시편72편

사무엘하 17장은 아히도벨과 후새의 계략 대결 이야기입니다. 아히도벨은 최고의 계략가답게 치명적인 전략을 제시합니다. 다윗의 무리가 힘이 빠졌을 때 속히 추적하여 치자는 것입니다. 그런데 후새가 그 계략을 막아섭니다. 다윗은 전쟁에 익숙한 사람이므로 함부로 달려들지 말고 시간을 두고 잘 정비하여 싸우자고 합니다. 압살롬이 후새의 계략을 받아들입니다. 그 사이에 후새가 사람을 보내 다윗을 멀리 도망가게 합니다. 아히도벨은 자신의 계략이 먹히지 않는 것을 보고 이 역모가 실패로 끝날 것을 짐작합니다. 스스로 목을 매어 죽습니다. 압살롬과 다윗이 드디어 맞붙습니다. 본문에는 하나님 이야기가 한 번도 나오지 않습니다. 사람들의 계략 대결만 펼쳐집니다. 그러나 이 모든 사건들 뒤에는 하나님께서 계십니다. 하나님께서 아히도벨의 계략을 꺾으시고 후새의 계략을 세우셨습니다. 압살롬의 마음이 그렇게 움직이도록 하신 것입니다. 하나님은 우리의 삶에도 이와 같이 개입하십니다. 초자연적인 역사가 아니더라도 사람들의 마음을 주장하셔서 자신의 기쁘신 뜻을 이루어 가십니다. 성도가 하나님을 믿고 하나님의 뜻대로 살 수 있는 이유입니다.

고린도후서 10장은 바울이 본격적으로 자신을 변호하는 내용입니다. 바울을 육신을 따라 행하는 자로 여기는 자들이 있었습니다. 그러나 바울은 육신에 속한 무기가 아니라 하나님의 능력을 따라 싸웁니다. 안타깝게도 고린도교회 사람들은 겉으로 보이는 것에 쉽게 넘어갔습니다. 바울은 몸이 약하고 말도 시원하지 않다는 사람들의 말에 넘어가 버린 것입니다. 그들은 자신을 열심히 칭찬합니다. 분수 이상의 자랑을 하는 자들입니다. 반면에 바울은 오직 하나님께서 나누어 주신 범위의 한계를 따라 말합니다. 복음을 전하고 주 안에서만 자랑하는 자입니다. 사람을 외모로만 평가하지 않도록 주의해야 합니다. 언변이나 크기에 속지 말아야 합니다. 화려한 말과 큰 규모를 자랑하면서 속이는 말을 하는 사람들이 참 많습니다. 정말로 진리에 기초한 언행인지를 따져보십시오. 말 속에 그리스도께서 드러나고 계신지를 꼭 확인하십시오.

에스겔 24장은 예루살렘이 망하는 날에 관한 기록입니다. 하나님은 에스겔에게 오늘의 이름을 기록하라고 말씀하십니다. 먼저 녹슨 가마의 비유를 주십니다. 이 가마는 예루살렘입니다. 녹이 슬어서 아무리 씻어도 벗겨지지 않았습니다. 결국 하나님은 이 가마를 숯불 위에 올려놓고 달궈서 녹을 완전히 소멸시키겠다고 말씀하십니다. 예루살렘의 죄를 없애기 위해 이와 같이 불의 심판을 하시겠다는 뜻입니다. 본문에는 충격적인 사건 하나가 기록되어 있습니다. 하나님께서 에스겔의 아내를 데려가신 일입니다. 그럼에도 에스겔에게 결코 슬퍼하거나 울지 말라고 말씀하십니다. 그날은 예루살렘이 망하는 날이기 때문입니다. 하나님은 이것이 표징이 될 것이라고 말씀하십니다. 예루살렘의 죄가 얼마나 깊은지, 그리고 하나님의 진노는 얼마나 큰지 짐작해 볼 수 있는 사건입니다.

시편 72편은 정의의 나라를 바라는 기도입니다. 하나님의 판단력을 구하는 기도입니다. "하나님이여 주의 판단력을 왕에게 주시고 주의 공의를 왕의 아들에게 주소서"(1절). 이것을 구한 이유는 공의의 재판을 하기 위해서입니다. 가난한 백성의 억울함을 풀어 주고 궁핍한 자의 자손을 구원하여 압박하는 자를 꺾기 위해서입니다. 하나님의 판단력을 오롯이 받은 왕은 나라를 정의 가운데 다스립니다. 그런 왕이 다스리는 나라는 복되고 영원할 것입니다. 예수 그리스도께서 바로 그런 왕이십니다.

9월 September 22

사무엘하18장 • 고린도후서11장 • 에스겔25장 • 시편73편

사무엘하 18장은 다윗의 승리를 전합니다. 다윗의 군대와 압살롬의 군대가 붙습니다. 다윗의 군대가 압도적인 승리를 거둡니다. 압살롬은 도망을 치다가 상수리나무에 머리가 걸려서 오도 가도 못하게 됩니다. 다른 병사들이 망설이는 사이에 요압이 찔러 죽입니다. 요압은 압살롬의 소식을 천천히 전하고자 했으나 다윗이 그 소식을 알게 됩니다. 다윗은 아들의 죽음으로 죽음을 벗어나는 모순적인 상황을 맞이합니다. 다윗은 승리를 거두지만, 진정한 승자는 없습니다. 나단 선지자의 예언이 맞아 떨어지고 있습니다. 집안에 큰 재앙이 임한 것입니다. 이 전쟁도 하나님께서 개입하셨습니다. 칼에 죽은 자보다 수풀에서 죽은 자가 더 많다는 구절(8절)이 그것을 말해 줍니다. 또한 압살롬은 저주받은 자와 같이 나무에 매달려서 죽습니다(14절). 이 세상에서 일어나는 모든 사건 뒤에 하나님께서 계십니다. 우리는 눈에 보이는 것보다 하나님의 말씀을 더 신뢰해야 합니다.

고린도후서 11장은 바울의 본격적인 변호입니다. 바울은 거짓 교사에게 흔들리는 고린도교회 성도들을 걱정합니다. 자신을 중매쟁이라고 합니다. 그리스도와 고린도교회를 맺어 주었기 때문입니다. 그런데 그들이 뱀의 간계에 빠져 넘어진 하와와 같이 그리스도에게서 마음이 떠날까 두렵다고 합니다. 그래서 바울은 자신을 적극적으로 변호합니다. 자기를 자랑하며 성도들을 유혹하는 그들은 거짓 사도요 속이는 일꾼이요 광명의 천사로 가장한 사탄일 뿐입니다. 바울은 자신이 그들처럼 자랑을 좀 해 보겠다고 합니다. 바울은 자신도 히브리인이요 이스라엘인이요 아브라함의 후손이라고 합니다. 뿐만 아니라 그리스도의 일꾼으로 온갖 고초를 다 당했다고 합니다. 무엇보다 교회를 위하여 눈물로 염려하는 자라고 말합니다. 바울은 진정 자기를 드러내는 것을 선호하지 않는 사람이었지만, 거짓 교사들 때문에 자기가 어떤 사람인지를 말하고 있습니다. 자신의 경력을 자랑하고 신분을 자랑하고 크기를 자랑하는 사람은 거짓 일꾼일 가능성이 높습니다. 그런 사람들에게 속아 넘어가서는 안 됩니다. 오히려 자신을 감추고 그리스도를 높이는 사람을 찾아야 합니다. 부득불 자랑할진대 약한 것을 자랑하는 자를 믿어야 합니다. 그리스도의 복음은 사람을 의지하지 않기 때문입니다.

에스겔 25장은 이방 나라에 대한 심판을 선언합니다. 암몬은 심판을 당할 것인데 하나님의 성소가 더럽힘을 당할 때에 그것을 좋아했기 때문입니다. 모압과 세일도 심판을 당할 것입니다. 에돔은 유다를 쳤기 때문에, 블레셋은 예전부터 원한을 품고 괴롭혀 왔기 때문에 심판을 당할 것입니다. 하나님께서 이방 나라를 심판하시는 이유는 그들로 여호와인 줄을 알게 하시기 위함입니다. 하나님께서 손이 짧아서 이스라엘을 구원하지 못하신 것이 아닙니다. 그래서 이스라엘의 멸망을 보고 좋아하는 이방 나라들을 치심으로 하나님의 하나님 되심을 보여 주고자 하십니다. 하나님의 백성마저도 그토록 심한 징계를 당하는데 하나님을 무시하는 불신자들은 얼마나 심한 심판을 받겠습니까? 불신의 상태에서 속히 돌아서야 합니다.

시편 73편은 악인들의 형통을 보고 기도하는 아삽의 시입니다. 아삽은 자신이 거의 실족할 뻔했다고 합니다. 악인들이 너무 잘 나가기 때문입니다. 사람들이 당하는 고난과 재앙도 없고 사는 동안 잘 먹고 잘 사는 모습을 보니 이해가 되지 않았습니다. 심지어 하나님을 무시하는데도 더 잘 나가는 모습을 보고서는 크게 시험에 빠졌습니다. 고민하던 그는 주의 성소에 들어가서 하나님의 뜻을 깨닫습니다. 지금은 그들이 형통한 것 같지만 결국에는 갑자기 망하게 될 것을 알았던 것입니다. 불신자들의 형통을 부러워할 필요가 없습니다. 하나님은 모든 것을 지켜보고 계시고 그 행위에 따라 보응하실 것입니다.

9월 September **23**

사무엘하19장 • 고린도후서12장 • 에스겔26장 • 시편74편

사무엘하 19장은 전쟁의 뒷수습 이야기입니다. 압살롬의 죽음으로 깊은 슬픔에 빠진 다윗에게 요압이 빠른 수습이 필요하다고 조언합니다. 전쟁에서는 승리했지만 그 상흔은 여전했기 때문입니다. 다윗이 예루살렘으로 돌아갈 채비를 하자 압살롬 편을 들었던 사람들이 곤란해졌습니다. 그들은 다시 다윗을 왕으로 추대하자고 의견을 모습니다. 많은 사람들이 다윗을 환영합니다. 그 안에는 다윗을 저주했던 시므이도 있습니다. 아비새는 그를 죽이자고 했지만 다윗이 자비를 베풉니다. 므비보셋이 다윗을 찾아옵니다. 그의 시종 시바가 전한 것과는 달리 므비보셋은 다윗을 기다렸습니다. 시바는 므비모셋의 재산을 노리고 모함했던 것입니다. 이번에는 바르실래를 만납니다. 그는 다윗을 도와준 부자였습니다. 다윗은 예루살렘에 함께 가자고 권합니다. 바르실래는 자신이 늙었기 때문에 할 수 있는 일이 없다며 거절합니다. 유다 사람과 이스라엘 나머지 지파 사이가 서서히 벌어집니다. 전쟁이 남긴 상처가 큽니다.

고린도후서 12장에는 바울의 진짜 자랑거리가 나옵니다. 바울은 자신이 본 환상과 계시에 대해서도 말합니다. 바울에게는 그와 같이 신비한 일이 적다고 거짓 교사가 비방했기 때문입니다. 그러나 이것은 바울의 진짜 자랑거리가 아닙니다. 바울의 진짜 자랑거리는 자신의 연약함입니다. 바울은 육체의 가시가 있다고 고백합니다. 그는 이것이 떠나가기를 여러 번 기도했지만 하나님께서 거절하셨다고 말합니다. "내 은혜가 네게 족하도다 이는 내 능력이 약한 데서 온전하여짐이라"(9절). 바울은 이 말씀을 크게 기뻐했습니다. 약한 것들 속에 그리스도의 능력이 더욱 충만히 머물기 때문입니다. 그가 자랑하고 싶은 것은 자신의 강함이 아니라 그리스도의 강

함입니다. 바울은 고린도교회를 방문할 계획을 밝힙니다. 그리고 바울이 진정으로 원하는 것은 '너희의 재물이 아니라 너희'라고 말합니다. 바울은 그리스도와 그리스도의 몸 된 지체를 정말로 사랑하고 있습니다.

에스겔 26장은 두로가 받을 심판을 선언합니다. 두로에 대한 심판 선언이 꽤 깁니다. 두로가 이토록 혹독한 심판 선언을 받는 이유는 예루살렘의 패망을 기뻐했기 때문입니다. 특히, 예루살렘의 패망으로 말미암아 자신들이 얻을 유익을 계산하며 좋아했기 때문입니다. 형제의 불행을 나의 행복으로 여기고 이웃의 고통을 나의 즐거움으로 여기는 죄를 범한 것입니다. 하나님은 이 죄를 매우 미워하십니다. 두로는 경제적인 이득을 크게 얻을 것이라며 좋아했지만 하나님은 오히려 그들의 경제를 망하게 하실 것입니다. 오로지 경제적인 이득만으로 이웃 나라의 패망을 좋아했는데 하나님께서 더 큰 멸망을 두로에게 시행하시는 것입니다. 이웃 사랑보다 경제적인 이득을 더욱 좋아하는 자들의 마지막 모습입니다.

시편 74편은 당신의 백성을 향한 하나님의 진노 앞에서 괴로워하는 기도입니다. 앞선 시에서 아삽은 악인의 형통을 이상히 여겼습니다. 이번 시에서는 하나님의 백성이 왜 고통당하는지를 묻습니다. "어찌하여 주께서 기르시는 양을 향하여 진노의 연기를 뿜으시나이까"(1절). 성소가 짓밟혔습니다. 회당도 불에 탔습니다. 표적도 보이지 않고 선지자도 나타나지 않습니다. 대적들의 비방과 조롱은 계속됩니다. 아삽은 하나님께서 속히 이 상황을 거두어 주시기를 간구합니다. 그는 주의 백성이 당하는 조롱은 하나님께서 당하시는 것과 같다며 하나님의 도움을 구합니다. 또한 언약을 기억하셔서 도와주시기를 기도합니다. 악인은 확실히 망합니다. 악인의 형통을 이상히 여길 필요가 없습니다. 동시에 하나님은 고통당하는 당신의 백성을 반드시 도우십니다. 잠깐의 고통 앞에서 믿음을 잃어버리지 않도록 단속하십시오. 그리고 간절한 기도로 하나님께 나아가십시오.

9월 September **24**

사무엘하20장 • 고린도후서13장 • 에스겔27장 • 시편75-76편

사무엘하 20장은 세바의 반역 이야기입니다. 전쟁의 뒷수습이 계속되고 있습니다. 다윗의 왕권에 균열이 생겼습니다. 베냐민 사람 세바가 깃발을 들자 그를 따르는 백성들이 많아졌습니다. 그러나 다윗의 상대가 될 수는 없었습니다. 다윗의 군대 장관 요압이 세바를 뒤쫓습니다. 세바는 아벨로 가서 마지막 전투를 준비합니다. 그때 한 지혜로운 여인이 요압을 찾아옵니다. 이스라엘 가운데 어머니 같은 성을 멸하지 말라고 권합니다. 과도한 피를 흘리지 말라는 뜻입니다. 그리고 사람들이 힘을 합쳐서 세바의 머리를 베어 요압에게 던집니다. 본문은 다윗의 장관들을 요약하며 마무리합니다. 압살롬과의 전쟁으로 여러 균열들이 생겨났지만 다윗의 왕권은 굳건합니다. 하나님께서 다윗의 집을 지키시기 때문입니다. 다윗의 범죄로 흔들렸던 다윗 왕국이 하나님의 신실하심으로 지켜지고 있습니다. 하나님의 은혜가 모든 것을 이깁니다. 하나님의 인자하심이 모든 것을 압도합니다. 하나님께서 우리의 아버지가 되시니 참 감사합니다.

고린도후서 13장은 마지막 인사입니다. 바울은 마지막 인사에서 다소 강한 이야기를 합니다. 세 번째 방문을 예고합니다. 그런데 이번에는 죄 지은 자들에 대해 징계할 것이라 말합니다. 바울이 이 정도까지 말하는 것으로 볼 때, 고린도교회 안에 심각한 죄를 지은 사람들이 있는 것 같습니다. 믿음이 의심스러운 수준이 아닌가 싶습니다. 그래서 바울은 이렇게 말합니다. "너희는 믿음 안에 있는가 너희 자신을 시험하고 너희 자신을 확증하라"(5절). 바울은 그들을 만났을 때 엄하지 않으려고 미리 편지를 보낸 것이라고 합니다. 그들이 편지를 읽고 회개하기를 바라는 것입니다. 마지

막 인사를 전하며 편지를 끝냅니다. 반복되는 권면에도 회개하지 않으면 징계를 할 수밖에 없습니다. 반복되는 권면을 듣고 있다면 회개하고 변화해야 합니다. 믿음의 열매가 나오도록 자기 자신을 점검하시기 바랍니다.

에스겔 27장은 심판당할 두로에 대한 애가입니다. 하나님은 에스겔에게 두로를 위한 슬픈 노래를 지으라고 말씀하십니다. 두로가 심판을 당하는 또 다른 이유는 그들의 교만 때문입니다. 그들은 스스로 온전히 아름답다 말합니다(3절). 그들은 자신이 만든 배를 자랑합니다. 그 영광을 드러냅니다. 두로는 전 세계를 운행하는 배를 가지고 있었습니다. 그곳에서 온갖 상품들이 거래되었습니다. 부와 풍요가 가득했습니다. 그러나 하나님께서 한 번 손을 펼치셔서 동풍을 보내시자 모든 것들이 사라졌습니다. 무역품과 승객들이 모두 바다에 수장되었습니다. 하나님께서 한 번 손을 펼치시면 이 세상의 가장 큰 풍요라도 순식간에 사라집니다. 재물을 의지하지 마십시오. 모든 것을 주관하시는 하나님만 의지하십시오.

시편 75편과 **시편 76편**은 주님의 주권 앞에서 교만하지 말 것을 가르치는 노래입니다. 하나님께서 정하신 기약대로 사람들은 심판을 받습니다. 오만한 자들, 뿔을 높이 드는 자들, 교만한 자들 모두가 경고를 받아야 합니다. 재판장이신 하나님께서 낮추시고 높이시기 때문입니다. 하나님 앞에서는 마음이 강한 자도 가진 것을 빼앗기고 장사들도 도움을 줄 수 없습니다. 병거와 말도 아무 소용이 없습니다. 하나님께서 하늘에서 판결을 하시면 모든 것이 그대로 따를 뿐입니다. 그러므로 사람을 의지하지 마십시오. 재물을 의지하지 마십시오. 힘과 권력을 의지하지 마십시오. 오직 모든 것을 주관하시는 하나님만 의지하십시오.

9월 September 25

사무엘하21장 • 갈라디아서1장 • 에스겔28장 • 시편77편

사무엘하 21장은 사울 왕조가 완전히 사라지는 이야기입니다. 기근이 삼년간 계속되었습니다. 하나님은 그 이유로 사울이 과거에 기브온 사람들을 죽였기 때문이라고 말씀하십니다. 다윗이 그들을 불러 어떻게 하면 좋겠냐고 묻습니다. 기브온 사람들은 사울의 자손 일곱을 목매어 달 수 있도록 내어 달라고 요청합니다. 다윗이 들어줍니다. 이 일곱에 므비보셋은 제외됩니다. 사울의 자손 일곱이 죽습니다. 그 일곱 중 둘의 어머니인 리스바가 시체들을 지키고 다윗이 장사를 지내 줍니다. 이렇게 사울 왕조가 완전히 끝나고 다윗의 집은 굳건해집니다. 다윗의 집이 굳건해지는 사건은 또 있습니다. 이스라엘을 오랫동안 괴롭혔던 블레셋의 거인들이 다윗과 그의 부하들에게 죽임을 당한 일입니다. 명실공히 다윗의 왕조가 이스라엘 가운데 확고히 세워지게 되었습니다. 하나님은 자신의 언약을 지키시기 위해 신실하게 일하십니다. 우리도 우리에게 주어진 책임을 신실하게 지킵시다.

갈라디아서 1장은 갈라디아교회에 파고든 다른 복음을 경계하는 바울의 교훈입니다. 바울은 갈라디아교회가 이토록 빨리 다른 복음을 따르는 것이 이상하다고 말합니다. 다른 복음은 없습니다. 오직 그리스도의 복음만 있습니다. 그런데 교회 가운데 찾아와서 그리스도의 복음을 밀어내고 사람의 복음을 심으려는 사람들이 있었습니다. 바울은 그것을 심히 우려합니다. 바울은 자신이 전한 복음을 변증하기 위해 자신이 어떻게 사도가 되었는지를 설명합니다. 그는 유대교를 지나치게 믿어 교회를 핍박했었는데 하나님의 은혜로 부르심을 받았습니다. 그때 그는 바로 예루살렘으

로 가지 않고 아라비아와 다메섹으로 갔습니다. 이것은 바울이 받은 복음이 사도들에게 따로 배운 복음이 아니라 예수님께 직접 받은 복음임을 뜻합니다. 복음을 지켜야 합니다. 성경이 가르치는 대로 복음을 알고 그것을 힘써 지켜야 합니다. 그럴 때 교회가 순결할 수 있습니다.

에스겔 28장은 두로 왕에 대한 심판과 시돈에 대한 심판을 예고합니다. 두로 왕이 심판을 받는 이유는 마음이 교만하기 때문입니다. 그는 스스로 신이라 말했습니다. 하나님의 자리에 앉아서 하나님인 척했습니다. 그는 자기의 지혜를 자랑하고 재물을 의지했습니다. 감히 하나님의 자리를 탐한 그를 하나님께서 친히 치실 것입니다. 시돈에게도 하나님께서 심판을 선언하십니다. 반면에 이스라엘은 징계가 끝난 뒤에 복을 받을 것입니다. 하나님께서 그들을 불러 모으실 것이고 그들이 평안히 살게 하실 것입니다. 교만은 패망의 선봉입니다. 교만한 자는 하나님께서 미워하십니다. 그래서 반드시 망합니다. 하나님의 자리에 올라서서 모든 것을 통제하려는 욕구를 찾아내십시오. 그리고 회개하여 돌이키십시오. 그 욕구는 매우 위험한 것입니다.

시편 77편은 하나님께서 떠나실 것을 심히 염려하는 사람의 기도입니다. 그는 심령이 상할 정도로 불안해합니다. 혹시라도 주께서 영원히 버리실까, 은혜를 베풀지 아니하실까, 주의 인자하심이 끝났을까, 주의 약속하심도 폐하여졌을까를 염려하기 때문입니다. 하나님께서 떠나시는 것만큼 큰 화가 없습니다. 하나님께서 침묵하시는 것만큼 큰 재앙이 없습니다. 하나님께서 복의 복이 되시니 항상 하나님과 함께해야 합니다. 하나님께서 돌보시는 것만큼 안전하고 평안한 삶이 없기 때문입니다.

9월 September 26

사무엘하22장 • 갈라디아서2장 • 에스겔29장 • 시편78:1-37

사무엘하 22장은 다윗이 부르는 노래입니다. 다윗은 지금까지 하나님께서 자신을 지켜 주신 사건들을 되돌아봅니다. 그리고 그분의 돌보심과 함께하심을 노래합니다. 특히, 사울에게서 건지신 것을 감사합니다. 사울의 자손 일곱 명이 죽은 사건을 계기로 하나님의 돌보심과 함께하심이 생각난 듯합니다. 다윗의 노래를 통해 하나님께서 어떠한 분이신지를 살펴보십시오. 다윗을 사랑하신 하나님은 지금도 동일하게 우리를 사랑하십니다. 다윗의 반석과 요새가 되신 하나님은 지금도 우리의 반석과 요새가 되십니다. 그러므로 우리도 다윗과 같이 하나님을 높여 드립시다.

갈라디아서 2장은 참된 복음이 무엇인지를 설명합니다. 바울은 계속해서 자신의 간증을 합니다. 자신이 전한 복음이 참된 복음임을 증명하기 위해서입니다. 바울은 디도가 억지로 할례 받게 하지 않았다고 말합니다. 가만히 들어온 거짓 형제들이 성도들을 다시 율법의 종으로 삼고자 했기 때문입니다. 율법의 행위와 그리스도를 믿음은 초대 교회에서 끊임없이 부딪히던 문제였습니다. 심지어 게바 곧 베드로와 같은 이도 쉽게 물리치지 못한 문제였습니다. 그러나 바울은 선명하게 선포합니다. "사람이 의롭게 되는 것은 율법의 행위로 말미암음이 아니요 오직 예수 그리스도를 믿음으로 말미암는 줄 알므로 우리도 그리스도 예수를 믿나니 이는 우리가 율법의 행위로써가 아니고 그리스도를 믿음으로써 의롭다 함을 얻으려 함이라"(16절). 다른 복음은 그리스도를 믿음에 율법의 행위를 섞으려는 시도였습니다. 그리스도를 믿는 것만으로는 충분하지 않고 할례도 받고 율법도 지켜야 한다는 것입니다. 그러나 율법으로는 결코 의롭다 함을 받을 수 없습니다. 만약 누군가가 율법의 행위가 필요하다고 주장한다면, 그것은 그리스도의 죽음을 헛되게 만드는 것입니다.

에스겔 29장은 애굽을 향한 심판 선언입니다. 애굽에 대한 심판 선언은 가장 긴 분량을 차지합니다. 애굽의 죄도 교만입니다. 그는 스스로 누운 큰 악어라고 말합니다. 모든 나라를 이길 수 있다는 뜻입니다. 또한 나일 강을 자기가 만들었다고 주장합니다. 자기 자신을 신으로 높이는 것입니다. 그러나 사실은 갈대 지팡이에 불과합니다. 아무 쓸모가 없습니다. 하나님은 이 교만한 애굽을 쳐서 황무지가 되게 만드실 것입니다. 그로 말미암아 그들이 하나님을 하나님으로 알게 될 것입니다. 하나님은 애굽을 치는 도구로 바벨론을 선택하셨습니다. 당시 애굽은 유다가 가장 의지하던 나라였습니다. 바벨론에게 항복하라는 하나님의 말씀을 끝까지 듣지 않았던 이유도 바로 애굽 때문이었습니다. 나라들을 단번에 멸하시는 하나님을 버려두고 애굽을 의지한 유다는 정말 어리석은 짓을 한 것입니다. 하나님께서 애굽도 단번에 멸하셨기 때문입니다. 우리가 의지할 것은 권력자나 부자가 아닙니다. 오직 하나님만 의지합시다.

시편 78편 1-37절은 하나님만 의지하자는 호소입니다. 아삽은 하나님께서 선조들에게 행하신 일들을 말합니다. 하나님께서 홍해를 가르시고 구름 기둥과 불기둥으로 인도하시며 광야에서 반석을 쪼개시고 고기도 내려 주셨습니다. 그럼에도 불구하고 이스라엘은 지독하게도 하나님을 믿지 않았습니다. 계속해서 배반하였습니다. 아삽이 이것을 다시 반복하는 이유는 다음과 같습니다. "그들로 그들의 소망을 하나님께 두며 하나님께서 행하신 일을 잊지 아니하고 오직 그의 계명을 지켜서"(7절). 하나님을 의지하고 하나님께서 말씀하신 대로 순종하게 하기 위함입니다. 완고하고 패역하여서 하나님을 배반하였던 선조들과 같이 되지 않게 하기 위함이기도 합니다. 성경에 나오는 이 수많은 본보기들을 경고와 교훈으로 삼아서 살아가시기 바랍니다.

9월 September 27

사무엘하23장 • 갈라디아서3장 • 에스겔30장 • 시편78:38-72

사무엘하 23장은 다윗의 마지막 말과 그의 용사들을 말합니다. 다윗이 마지막 말을 합니다. 여기서 그는 이스라엘의 하나님께서 어떤 분이신지를 말합니다. 그분은 언약을 세우셔서 모든 구원과 소원을 이루어 주십니다. 그러나 사악한 자는 전부 내다 버리시는 분이기도 합니다. 다윗은 이스라엘 백성들이 하나님을 제대로 알기를 원했습니다. 다음에 나오는 다윗의 용사들과 그들의 업적은 다윗 왕국의 위세를 보여 줍니다. 한낱 목동에 불과하던 다윗을 하나님께서 이와 같이 높이셨습니다. 다윗이 탁월하고 뛰어났기 때문이 아닙니다. 하나님께서 그렇게 하셨기 때문입니다. 이것을 잊어서는 안 됩니다.

갈라디아서 3장은 바울의 호소입니다. 바울은 갈라디아교회의 사람들을 어리석다고 말합니다. 성령으로 시작했다가 육체로 마무리하려 하기 때문입니다. 듣고 믿음으로 얻은 구원을 율법의 행위로 전환시키려는 것이 얼마나 잘못된 일인지를 가르칩니다. 아브라함도 하나님을 믿어서 의롭다 함을 받았습니다. 율법의 행위에 속한 자들은 저주 아래에 있는 것입니다. 왜냐하면 율법책에 기록된 대로 모든 일을 항상 행하지 아니하는 자는 저주 아래 있기 때문입니다. 이것을 행할 수 있는 사람이 있습니까? 율법의 행위를 지켜서 구원을 얻으려는 것은 다시 율법의 저주 아래로 들어가려는 것과 같습니다. 그리스도께서 우리를 위하여 저주를 받은 바 되셔서 율법의 저주에서 우리를 속량하셨습니다. 그러므로 우리는 그리스도를 믿음으로 이 저주에서 벗어납니다. 율법은 초등 교사가 되어 우리를 그리스도께로 인도하는 역할만 할 뿐입니다. 아브라함의 자손은 율법을 지켜서 되는 것이 아니라 아브라함처럼 믿어서 되는 것입니다.

에스겔 30장은 계속된 애굽 심판에 관한 말씀입니다. 애굽에 여호와의 날이 곧 도래할 것입니다. 그날에는 애굽에 칼이 임할 것입니다. 그날에는 애굽을 붙들어 주는 자도 엎드러질 것이고 애굽의 교만한 권세도 낮아질 것입니다. 황폐해지고 불에 탈 것입니다. 하나님께서 바벨론 왕 느부갓네살을 통해 그렇게 하실 것입니다. 우상과 신상을 모두 없애 버리실 것입니다. 바로 왕의 팔은 꺾일 것입니다. 여호와의 날이 믿는 자들에게는 구원의 날이 되겠지만 믿지 않는 자들에게는 심판의 날이 될 것입니다.

시편 78편 38-72절은 계속해서 하나님께서 행하신 일들을 되짚습니다. 하나님은 열 가지 재앙으로 애굽을 심판하셨습니다. 당신의 백성을 양같이 인도하시기 위함입니다. 그런데 그들은 또 하나님을 배반하였습니다. 결국 그들은 하나님께 징계를 당했습니다. 아삽이 반복되는 역사를 반복하여 기록하는 이유는 딱 한 가지입니다. 이스라엘을 기르시고 지도하시는 하나님을 믿게 하기 위해서입니다. 성경은 단순히 종교 지식을 공급하는 책이 아닙니다. 성경은 경건한 지식을 제공하여 우리 마음속에 하나님을 향한 순수한 열심을 자극시키기 위한 책입니다. 하나님께서 양과 같이 우리를 기르시고 지도하십니다. 하나님의 손에 우리를 맡겨 드립시다.

9월 September 28

사무엘하24장 • 갈라디아서4장 • 에스겔31장 • 시편79편

사무엘하 24장은 다윗의 인구 조사 이야기입니다. 다윗이 탁월하고 뛰어나서 하나님께서 그에게 다윗 왕국을 주신 것이 아닙니다. 하나님께서 그렇게 하기로 작정하셨기 때문에 그렇게 하신 것입니다. 그러므로 다윗은 교만해져서는 안 됩니다. 그런데 다윗이 그것을 깜빡합니다. 인구 조사를 실시한 것입니다. 다윗은 자신의 권세를 자랑하고 싶었던 것 같습니다. 이것은 하나님 앞에서 큰 죄입니다. 다윗도 그것을 깨닫습니다. "다윗이 백성을 조사한 후에 그의 마음에 자책하고 다윗이 여호와께 아뢰되 내가 이 일을 행함으로 큰 죄를 범하였나이다"(10절). 결국 전염병으로 칠만 명이 죽는 벌을 받습니다. 다윗이 제사를 드리고 기도함으로 이스라엘에게 내리는 재앙이 그칩니다. 하나님의 은혜를 잊으면 교만해집니다. 교만해지면 은혜를 얻지 못합니다. 교만을 경계합시다. 교만이 있는 곳에는 은혜가 없고 은혜가 있는 곳에는 교만이 없습니다.

갈라디아서 4장에서는 바울의 호소가 계속됩니다. 바울은 갈라디아교회를 염려합니다. "내가 너희를 위하여 수고한 것이 헛될까 두려워하노라"(11절). 율법 아래에 있는 것은 종과 같습니다. 그리스도 안에 있는 것은 아들과 같습니다. 그리스도 안에 있는 자들은 더 이상 종이 아닙니다. 아들이 되어서 하나님의 유업을 받습니다. 이것은 마치 하갈에게서 나온 이스마엘과 사라에게서 나온 이삭과 같습니다. 성도는 여종의 아들이 아니요 자유 있는 여자의 자녀입니다.

에스겔 31장은 계속된 애굽 심판에 관한 말씀입니다. 하나님은 애굽을 거대한 백향목으로 비유하십니다. 많은 물을 먹어서 나무가 크게 자랍니다. 가지도 무성해집니다. 공중의 모든 새가 그 큰 가지에 깃들이고 들의 모든 짐승이 그 나무에 새끼를 낳았습니다. 마치 그런 것처럼 많은 나라가 애굽의 밑에서 보호를 받았습니다. 그런데 이 나무가 높아지고 구름에 닿자 교만하여졌습니다. 하나님께서 나무를 꺾어 버리셨습니다. 그리고 그를 지하로 내려가게 하셨습니다. 하나님 앞에서는 그 누구도 영광을 자랑할 수 없습니다. 그 누구도 크기를 자랑할 수 없습니다. 감히 하나님과 같은 자리에 서려고 해서도 안 됩니다. 하나님께서 반드시 그를 심판하실 것입니다. 교만만큼 위험한 죄가 없습니다. 교만만큼 크게 심판당하는 죄도 없습니다. 자꾸만 높아지려는 우리의 마음을 날마다 낮추어 갑시다.

시편 79편은 망해 가는 예루살렘을 구원해 달라는 간구입니다. 이방 나라들이 예루살렘에 들어왔습니다. 예루살렘이 돌무더기가 되었고 성전이 더럽혀졌습니다. 주의 종과 성도들이 죽임을 당했습니다. 이웃 나라에게 조롱거리가 되었습니다. 시인은 언제까지 이와 같은 일을 당해야 하는지 괴로워하며 하나님께 간구합니다. 하나님의 긍휼을 요청합니다. 하나님께서 주의 영광을 위하여 주의 백성을 구원하시기를 기도합니다. 우리가 기댈 수 있는 분은 하나님밖에 없습니다. 고통과 실패 속에서 우리가 소망을 둘 수 있는 분도 하나님밖에 없습니다. 하나님께 부르짖고 하나님께 간구하는 성도가 됩시다.

9월 September **29**

열왕기상1장 • 갈라디아서5장 • 에스겔32장 • 시편80편

열왕기상 1장은 다윗이 죽고 솔로몬이 왕이 되는 이야기입니다. 다윗이 늙습니다. 죽음이 가까이 왔습니다. 그 사실을 눈치챈 아도니야가 왕이 되고자 합니다. 요압과 제사장 아비아달을 포섭합니다. 선지자 나단이 이 사실을 밧세바에게 알리고 밧세바가 다윗에게 알립니다. 다윗이 밧세바에게 솔로몬이 왕위에 앉을 것이라고 약속합니다. 다윗의 명령을 따라 제사장 사독과 선지자 나단이 솔로몬에게 기름을 부어 왕으로 삼습니다. 솔로몬이 왕좌에 앉습니다. 이 소식을 들은 아도니야가 제단 뿔을 잡습니다. 신변 보호를 요청하는 행위입니다. 솔로몬이 그를 한 번 용서해 줍니다. 다윗의 시대가 저물고 솔로몬의 시대가 열린 것입니다. 이제 솔로몬도 다윗과 같이 하나님을 경외하며 나라를 다스려야 할 것입니다.

갈라디아서 5장은 그리스도인의 자유를 설명합니다. 율법의 행위를 따르는 사람은 종입니다. 믿음으로 그리스도 안에 있는 사람은 아들입니다. 아들에게는 참된 자유가 있습니다. 할례를 받거나 율법을 따르는 것은 아무런 유익이 없습니다. 자유를 주지 못합니다. 그러나 이 자유는 육체의 방종을 추구하게 만드는 자유가 아닙니다. 오히려 즐거이 서로의 종이 되게 하는 자유입니다. 사랑할 수 있는 자유를 주기 때문입니다. 이 자유를 온전히 행사하기 위해 성도는 성령님을 따라야 합니다. 육체의 소욕이 아니라 성령께서 인도하시는 바를 따라야 합니다. 육체를 따르면 육체의 결과가 나오고 성령님을 따르면 성령의 열매가 나옵니다. 성령의 열매는 사랑과 희락과 화평과 오래 참음과 자비와 양선과 충성과 온유와 절제입니다. 그리스도 예수의 사람들은 육체와 함께 그 정욕과 탐심을 십자가에 못

박았습니다.

에스겔 32장은 애굽 심판에 관한 마지막 말씀입니다. 하나님은 애굽을 그물에 걸려든 악어에 비유하십니다. 그를 들판에 던지시고 공중의 새들과 땅의 짐승이 먹게 하십니다. 그를 완전히 패망하게 하십니다. 그리고 스올에 던지실 것인데 거기에는 앗수르도 있고 엘람도 있고 메섹과 두발도 있고 에돔도 있을 것입니다. 하나님은 애굽을 끝으로 이스라엘을 둘러싸고 있는 일곱 개 나라의 완전한 심판을 말씀하셨습니다. 하나님은 참으로 나라와 민족을 다스리십니다. 역사 가운데 일어나는 일들을 두려워하십시오. 재판장이신 하나님께서 그 일을 행하고 계십니다. 역사 가운데 일어나는 일들을 두려워하지 마십시오. 또한 하나님 우리 아버지께서 그 일을 행하고 계시기 때문입니다.

시편 80편은 하나님께서 회복시켜 주시기를 간구하는 기도입니다. 시인은 하나님께서 주의 백성의 기도에 응답하시지 않고 있다고 말합니다. 눈물의 양식을 먹이시고 있다고도 합니다. 하나님의 침묵은 큰 재앙입니다. 그는 포도나무 비유를 사용합니다. 주께서 애굽에서 포도나무를 가져다가 심으셨습니다. 친히 가꾸셨습니다. 그런데 지금은 길을 지나가는 이들이 열매를 따고 숲속의 멧돼지들이 상해하며 짐승들이 먹고 있습니다. 시인은 하나님께서 심으시고 가꾸신 이 포도나무를 속히 돌보시기를 기도합니다. 하나님께서 돌이키시기를 간청합니다. 구원하러 오시기를 요구합니다. 우리가 먼저 알아야 할 것은 하나님께서 우리를 심으시고 가꾸신다는 사실입니다. 이것을 잊지 말아야 합니다. 이것을 우리가 잊을 때 하나님은 침묵하십니다. 그것은 우리의 큰 재앙이 됩니다. 그때는 힘써 기도해야 합니다. 회개하며 간구해야 합니다. 하나님께서 돌이키시기를 눈물로 요청해야 합니다.

9월 September 30

열왕기상2장 • 갈라디아서6장 • 에스겔33장 • 시편81-82편

열왕기상 2장은 다윗 시대의 잔재가 모두 사라지는 이야기입니다. 다윗의 죽음이 임박했습니다. 다윗은 솔로몬에게 몇 가지를 당부합니다. "너는 힘써 대장부가 되고"(2절). 첫째, 하나님의 명령을 지키라고 합니다. 그러면 형통할 것이라고 합니다. 둘째, 요압의 악행을 기억하고 처벌하라고 합니다. 셋째, 바르실래의 아들들에게 은총을 베풀라고 합니다. 넷째, 시므이를 무죄한 자로 여기지 말라고 합니다. 다윗이 죽습니다. 다윗이 죽자 아도니야가 또 활동을 시작합니다. 밧세바에게 찾아와서 이 왕권이 원래는 자신의 것이라고 주장합니다. 그러고는 다윗의 첩 아비삭을 아내로 달라고 합니다. 왕의 첩을 취하는 것은 자신이 왕이 되겠다는 것과 다를 바가 없습니다. 밧세바는 그 사실을 알지 못하고 솔로몬에게 아도니야의 말을 전합니다. 솔로몬이 분노하여 아도니야를 죽입니다. 아도니야에게 붙었던 제사장 아비아달을 쫓아내고 요압을 처형합니다. 그리고 시므이를 처형해서 다윗의 당부를 모두 이룹니다. 다윗 시대의 잔재가 모두 사라지고 이제 본격적으로 솔로몬 시대가 열린 것입니다. 다윗이 당부한 것처럼 솔로몬이 마음을 다하고 성품을 다하여 하나님 앞에서 진실히 행하면 그의 나라는 굳건해질 것입니다.

갈라디아서 6장은 그리스도의 법을 성취하라는 교훈입니다. 율법의 행위가 아니라 복음을 듣고 믿는 것만으로 의롭다 함을 얻습니다. 그러나 이것이 방종을 용인하는 것은 아닙니다. 범죄한 자가 있으면 반드시 그를 바로잡아야 합니다. 서로의 짐을 지어서 그리스도의 법을 성취하여야 합니다. 육체를 위하여 심지 말고 성령을 위하여 심어야 합니다. 낙심하지 말고 선을 행해야 합니다. 율법의 행위가 우리를 의롭게 만드는 것은 아니지만 그리스도의 법을 지키는 것은 우리의 의무입니다. 사람은 무엇으로 심든지 그대로 거두게 될 것입니다.

에스겔 33장은 파수꾼의 사명을 받는 에스겔에 관한 이야기입니다. 하나님은 에스겔에게 파수꾼의 사명을 다시 한 번 상기시키십니다. 파수꾼은 경고하는 일을 합니다. 경고를 받으면 생명을 보전하게 될 것이고 경고를 받지 않으면 칼이 임할 것입니다. 하나님께서 에스겔을 파수꾼으로 세우신 이유가 있습니다. 하나님은 악인이라도 죽는 것을 기뻐하시지 않기 때문입니다. 악인이 그의 길에서 돌이켜 떠나 사는 것을 기뻐하시기 때문입니다. 그래서 파수꾼이 필요합니다. 파수꾼에게는 의인이 공의에서 떠나지 않도록, 악인은 죄악에서 떠나도록 일깨워야 하는 책임이 있습니다. 한편 예루살렘이 함락됩니다. 그런데 예루살렘에 있는 사람들은 여전히 정신을 못 차립니다. 그들은 자기들이 남은 자가 되었다고 자랑합니다. 하나님은 이 고집스럽고 어리석은 자들에게 다시 한 번 심판을 내리실 것입니다. 경고를 받아야 합니다. 성경에는 수많은 경고가 있고 책망이 있습니다. 이것은 우리가 공포에 떨도록 만들기 위한 것이 아닙니다. 의롭게 행하는 자는 끝까지 그 길을 가도록 하기 위한 것이고, 악한 길에 들어선 자는 돌이켜서 회개하도록 하기 위한 것입니다. 경고를 받아야 합니다. 그것이 우리의 삶을 풍요롭게 만듭니다.

시편 81편에는 하나님의 응답이 나옵니다. 하나님은 당신의 백성에게 "들으라"고 말씀하십니다. "내 백성이여 들으라 내게 네게 증언하리라 이스라엘이여 내게 듣기를 원하노라"(8절). 그런데 백성들이 하나님의 소리를 듣지 않습니다. 자기 멋대로 행합니다. 하나님은 그들에게 계속 말씀하십니다. "내 백성아 내 말을 들으라 이스라엘아 내 도를 따르라"(13절). 들어야 합니다. 하나님께서 하신 말씀을 듣고 따라야 합니다. **시편 82편**은 하나님만 하나님 되심을 말합니다. 하나님은 다른 신을 두지 말고 이방신에게 절하지 말라고 명령하십니다. 왜냐하면 하나님만 하나님이시기 때문입니다. 하나님은 공의롭고 자비로우십니다. 하나님은 세상의 소유주이시고 심판주이십니다. 우상을 버리고 하나님만 섬깁시다.